寻根溯源学汉字 轻松易懂又有趣

一字一世界

15

T-W

颜煦之 著

认识汉字·理解汉字·掌握汉字·运用汉字

湖南教育出版社

图书在版编目（CIP）数据

一字一世界. 15, T-W / 颜煦之著. -- 长沙：湖南教育出版社，2019.4

ISBN 978-7-5539-6422-5

Ⅰ. ①一… Ⅱ. ①颜… Ⅲ. ①汉字—通俗读物 Ⅳ. ①H12-49

中国版本图书馆 CIP 数据核字（2018）第 232509 号

责任编辑：李　好
丛书策划：申晓华
版式设计：申曜年
审读统筹：申晓华
责任校对：周海香

一字一世界　15, T-W

YI ZI YI SHIJIE　15, T-W

出版发行：湖南教育出版社
（地址：湖南省长沙市韶山北路 443 号　邮编：410007）
经　　销：全国新华书店
印　　刷：北京盛通印刷股份有限公司
（地址：北京市经济技术开发区经海三路 18 号）
版　　次：2019 年 4 月第 1 版
印　　次：2019 年 4 月第 1 次印刷
开　　本：787 mm×1092 mm　1/16
印　　张：13
字　　数：160 千
定　　价：39.80 元
书　　号：ISBN 978-7-5539-6422-5

序

曹文轩

为他人写序无数，还从来没有一次像写这个序那样踌躇，那样焦虑，那样迟迟不能下笔，一再延宕。本是一件“轻而易举”的事，却总是不能完成，几乎日日纠结在心。自己都觉得奇怪。今天，终于坐到了桌前。因为，实在不能再拖延了——那边在急切地等着发稿呢。

造成如此状况，大概是因为我和煦之先生的友情实在太深、太浓、太厚了——总想写一个对得起朋友的序，正是这番对友情的特别在意，使得自己反而一拖再拖难以落笔了。

其实，这个序写得好或坏是无所谓的，甚至可以没有这个序，因为，他做的事，白纸黑字都明明白白地摆在眼前，其价值和意义是不用人再絮叨的。写个序，只是戴个“帽子”，不至于看上去太“秃”罢了，将区区一个小序看得那样“严重”，实在没有必要。

两年前在南京与煦之先生相会，他送了我一套他著的趣谈汉字的书，厚厚四册，我当时十分吃惊。回到酒店，埋在沙发中翻看，见他做的竟然还是含了学术——甚至是很学术的事情，更是吃惊。后来，我遇见谁都会提起这套书，一说书的妙、书的趣；二说煦之先生做事总不按常规，动不动就干出出人意料的事情来。不久，与好友方国荣先生谈出版之事，听他兴致勃勃地说要做一套关于汉字与人生方向的书，便立即将煦之先生的著作介绍给他。他也吃惊不小，很快就和煦之先生联系上了，没想到煦之先生竟神奇地又成就了一套方国荣先生心中所希求的新书。

此套书共十一册，还是关于汉字的。

细想想煦之先生做成此事，其实也无令人吃惊之处。他这个人，既是性情中人，又是一个执专心的人。一旦决定做一件事了，天底下也就只有这样一件事了。雷打不动，五头大牛未必能将他拽回。若是在夏季做事，你都能想见他干活时的样子：将门关住，短裤背心，甚至赤膊上阵，宽阔的脑门子上汗津津的，短而厚的手捉住笔就不肯放下，困顿时冲冲凉水澡，拍拍胸脯，拍拍脑门，提提神，接着再干。你以为他做的事，总出乎情理，而事实上，他做事就像他的体型一般稳重，方而正。这也是他的品格。

这一回，他的事做得有点大。

汉字文化，是个大题目，是一个意义非凡的大题目。九年义务教育新课程标准已经出台，与此前课标相比，其中一条被特别强调：要使学生懂得，汉字不只是一种纯粹的书写符号，也蕴含深厚的文化。煦之先生的研究事先当然与新课标毫无关系，只是他的思考与新课标的新维度暗合了。这也许是真知灼见者的不谋而合——所谓“英雄所见略同”。这套书，无意中可成为日后学生和语文老师学习、讲解语文的难得的参考书籍。

汉字是中国人极端聪明、非凡才智的结晶。有人在拿它与种种拼音文字进行比较时，故作深刻地说拼音文字是高度抽象能力的结果，那意思是说人家的东西要比我们的技高一筹。此等说法，不免肤浅。他们将象形文字的汉字，看成了依样画葫芦式的幼稚了，殊不知它的抽象能力其实是无与伦比的。这一个个神秘的方块字，无所不能，说事说理，皆妙不可言。我们可用它最完美地叙述这个世界，也可用它阐述这个世界上最精辟的原理和哲思。它的高度活性，字与字之间的微妙差异以及组词之后的无限能力，是任何一个熟练掌握它的人都会感到惊讶的。它是“魔方”。具象与抽象的完美统一，已抵达天造地设般的境界，使人觉得它本是造物主所使用的文字，是天然的。

更妙的是，一个个字，并不只是说事说理的符号，它们自身就是有意味的，甚至是有无穷意味的，一个个都是可以加以解读和欣赏的。从它们诞生的那一刻开始，它们就负载了若干意味。它们在不断变形的过程中，还暗含了历史的变迁。到了今天，每一个字，都有它的历史。“一字一世界”，还不抽象吗？抽象程度还要多高？可它确实又是形象的，因此，它与别种文字相比，又有了一个特殊的功能：审美。

它直接产生了一门艺术：书法。

从古至今，那些书法大家，用他们各具特色的书写，为我们提供了一个丰富的艺术世界。这个世界陶冶了中国人的性情，提升了中国人的生命境界。

煦之先生对汉字的认识价值和审美价值的理解与分析，就在这十一册书中。

写到此处，我忽然想起两件事来。一件是，好几年前，有个思维独特的年轻人四处奔走，并到处分发传单，说他经过长时间的研究发现，以英语为代表的拼音文字，其实也是一种象形文字。可是没有一个专家理会他。现在，这个年轻人不知到哪里去了，不知是否还在坚持他的“异端邪说”、继续他的“荒唐”研究。另一件是，一个大规模的制作和推广英语电子词典的公司的老板，向我展示了他的研究成果。他的研究成果与那个年轻人的结论一致，只是更加学理化：英语，也是一种象形文字。他当场向我解读了一个个英语单词，告诉我它们都是“象形的”。这个老板是学英语出身的，我当然不敢苟同他们的看法。但这两件事，倒使我看到了一个认识上的变化：作为象形文字的汉字，倒成了人家比附的文字了。

进入汉字魔方吧，其乐无穷。

2014年11月1日于北京大学蓝旗营小区

曹文轩，当代著名作家，精擅儿童文学，任北京作家协会副主席，北京大学教授，现当代文学博士生导师，儿童文学委员会委员，中国作家协会鲁迅文学院客座教授，是中国少年写作的积极倡导者、推动者。主要文学作品有《山羊不吃天堂草》《草房子》《天瓢》《红瓦》《根鸟》《细米》《青铜葵花》《大王书》等。

自序

当你拿起这本书，翻到这一面，我们就算有了一面之交。我很想拉着你的手，跟你聊两句。不多，就这么几句。

我这人一生与书有缘：读书、教书、编书、写书、出书、卖书、藏书……虽然如此，而今我却还是常读错字、写错字、用错字，还有很多不认识的字。究其原因，跟自己菲才寡学、天资愚钝有关。另外，恐怕跟汉字既多又难认难记有关。

汉字大约有十万个，常用的虽然只有三千来个，但要记住却非易事。据说，外国人把最难办的事说成“这比学汉字还难”。正因为此，近几十年来，国家成立专门机构，搞汉语拼音和汉字简化。

如今，全球有数千万“老外”学汉语，加上母语为中文的华人，使用汉字的多达十四亿人。怎样让这么多人轻松愉快地学汉字，是件十分有意义的事。我愿为此稍尽绵薄，所以编写了这本书。

汉字，是世界文化的明珠，是中华民族的骄傲。汉字，是先民们历经数千年，把对自然和社会的认识，巧妙地移植到一笔一画上而形成的。汉字，源远流长，魅力无穷，超群绝伦，华夏儿女应该发扬继承。

汉字，不仅仅是符号。对汉字，光凭眼睛看是不够的，形、音、义三位一体，那得细细品味，慢慢咀嚼，才能品出味儿来。有些字，是一幅生动的图画；有些字，是一个有趣的故事；有些字是一段复杂的历史；有些字，说的是生活常理；有些字，谈的是科学道理；有些字，讲的是深刻的哲理。每一个字，都值得我们欣赏、品味和探讨。若三五同好，聚在一起，谈古说今，咬文嚼字，得其三昧，那真是其乐无穷。

前人和当今有识之士，对汉字做了大量深入的研究，著述浩如烟海，硕果累累。作为门外汉，我不揣冒昧，也挤将进来，凑个热闹。

我将两千多个常用字，以科学分析和有趣故事相结合的方式，编写成这套书。我所讲解的每一个字，分为前后两部分。前半部分，我将这个字的形成、演变过程以及字形、字义、读音作简要介绍。凡此，仁者、智者，各有见解。我博采众长，或综合为一，或分别罗列，任君选择。后半部分，我以小故事等形式，更形象、更生动地来解释这个字的形、音、义。我不仅讲这个字的用法，而且讲这个字的结构特征，讲这个字笔画的用意，讲这个字和相似字之间的区别。我还特别注意解释字的读音，以便区别这个字与其它谐音字之间的区别与联系。我讲了两千多个汉字故事，与这些故事相关联的汉字有六千多个，几乎包括了所有的常用字。这便是字中有字，这才是真正的汉字故事。

顺便说一句，这里的故事，有些是我的创作；有些是据资料编写；有些是来自民间的汉字俗解。其中有些内容，“俗文学”也罢，荒诞也罢，读者朋友切莫当真。你尽可把先贤们的论著当作学术理论，把我这儿写的，权且当作插科打诨。因为我的目的很简单，我只是想通过这些小故事、小笑话，以及诗词、对联、谜语、民歌、童谣、字谜、谐音、测字、解字、解梦，避讳这些形式，加上奇闻轶事、文坛掌故……以此搭座桥、凑个趣，使朋友们认识这些字，辨别这些字，掌握这些字，记住这些字。

我愿把这套书，献给对汉字情有独钟的朋友。让大家在茶余饭后，有个谈笑的话题。这种话题，雅俗共赏。

我愿把这套书，献给学汉字的外国朋友。让他们更多地了解汉字的丰富多彩。愿他们在轻松愉悦中掌握汉字。

我愿把这套书，献给青少年朋友们。让他们在课外阅读时，带着笑脸，品味每一个字的结构和内涵。

我愿把这套书，献给我的教师同行们，为他们在备课时提供点资料，使他们在讲课时增加点情趣，让他们在课堂上引发出阵阵欢笑声，使孩子们在寓教于乐中理解汉字的博大精深。

当你手捧这一套沉甸甸的《一字一世界》时，我要深情地向你介绍为这套书的出版作出不懈努力的至爱亲朋。首先要说的是我的出版人申晓华先生。他不辞辛劳，担当风险，近十年来不离不弃，专注于此书的出版发行。好友曹文轩先生，热情为这套书作序，为这套书增光添彩。资深编审王林军先生，是这套书第一版的责任编辑，他为这套书奠定了基础。著名画家，装帧设计家朱成梁先生，为这套书的第一版，设计了精美的封面和版式。著名漫画家何天卫先生和叶霆先生，为这套书提供了大量生动活泼的插图和图案。著名儿童文学家方国荣先生，为这套书的第二版出版，作出了不懈的努力。这套书由第一版的七百余汉字故事，增补为两千余故事，经历了十多年的艰辛创作，其间幸有编审谢芳女士，著名汉字研究专家唐汉先生，古典文学博士陈光先生，著名青年书法家陈义望先生……他们参与了这套书的审读、修订和把关，指出了书中的不足和差错，保证了这套书的出版质量。因为这套书讲的是汉字知识，出版社是以辞书的标准来保证这套书的质量的。

图书出版，是很难完美无缺的，总会留下一些缺憾。这套《一字一世界》也概莫能外。我壮志不已，耕耘不辍，仍在收集汉字故事，愿继续努力，将三千多常用汉字，都配上生动有趣的故事，编成一本既可当字典，又可当故事的“阅读字典”，以供读者朋友们赏阅。

说到读者朋友，我激动不已，感慨万千。自该书出版十多年来，因书中有我留下的手机号码，我先后收到一百余位读者来电。有的指出差错，有的提出建议，有的给予鼓励，有的提供故事，有的只讲了几句：感谢你，继续努力……

我决不辜负读者朋友的厚爱，再接再厉，使这套书日臻完善。如你购得此书，那我们也就心灵沟通，成为志同道合的文友。君不闻，前世修得八百次回眸，今生方得一次擦肩而过。你我有缘，你才翻阅此书。以书会友，是我三生有幸。

如蒙赐教，请记住我的手机号码：13705181009。我当洗耳恭听。

感谢你阅读此文！

感谢你阅读这套书！

二零一九年三月

于南京长江大桥堍

目录

T

W

一字一世界

下

硕大壮实的公牛——特

tè

特

金文

小篆

特
隶书

特
楷书

楷书的“特”字，是个左右结构的形声字兼会意字。左边的牛字旁是形符，表示跟牛有关。右边的“寺”字是声符，读“sì”。这两个字形组合在一起，指“硕大壮实的公牛”。

古人为什么用“寺”字作“特”字的声符呢？因为公牛的个头儿要比一般的家畜大得多，而“寺”字是古代官员办公的府庭，和一般民居房舍相比高大宽敞得多，所以“特”字用“寺”字作声符并会意。

隶变后的楷书写作“特”。

“特”字的本义指“壮实的公牛”。由本义引申指“不平常的、不同于一般的”，如：与众不同，不普通、格外、特地称“特别”；某地或某个国家特有的著名物产称“特产”；特别擅长的技能称“特长”；特别突出、格外突出称“特出”；特别高的等级称“特高”。特点、特级、特急、特价、特例、特权、特区、特色、特使、特别、独特、奇特等都指不同于一般。

“特”字由上义引申指“单一、专门”。如：表示专门为某种事称“特地”；特地、特意称“特为”；特别允许称“特许”。特此、特刊、特派、特命、特写、特任、特邀等词中的“特”字都指“单一、专门”。

“特”字又假借指“军队中担任特殊任务的单位和人员”，如：特务连、特工、特种兵。

“特”字还假借指“经过特别训练，从事颠覆和破坏活动的人”，如：特务、匪特、敌特。

“特”字也作姓氏用。

寺庙门前一头牛——特

在民间故事中，有不少是借吟诗作对来解说汉字的，这些故事，只要情节合情合理就行了。最关键的是，看你如何把这个字解释得十分巧妙，要让人记在心里，不会忘掉。

从前有位李秀才，是个十足的书呆子。他喜欢吟诗作词，为人又相当注重礼节，所以朋友见面的场景，就显得与众不同了。

却说有一天，李秀才去看望好友王秀才。到了王秀才家大门口，他先轻轻敲门，待王秀才开门出来迎接时，他就彬彬有礼地吟诵起来：

寺庙门前一头牛，二人抬个哑木头。
未曾进门先开口，闺房女子紧盖头。

王秀才晓得李秀才的喜好，知道他是在念字谜让自己猜呢。王秀才分析了一下，猜出了李秀才四句话暗含四个字，连起来就是问候语“特来问好”——“寺庙门前一头牛”，指“特”字。“二人抬个哑木头”指繁体字“來”字。“进门开口”指的是“问”字。“闺房女子”指“好”字。

王秀才也不含糊，当场以字谜诗一首回赠：

言对青山不是清，二人土上在谈心。
三人骑头无角牛，草木丛中站一人。

李秀才是制谜猜谜高手，这四句小诗怎难得住他？他大踏步进门，随主人到客厅坐下，端起茶杯，喝起茶来。因为王秀才那赠诗暗含四个字，连起来就是“请坐奉茶”。

téng

疼

小篆

疼

隶书

疼

楷书

因疾病创伤引起疼痛

“疼”字是个后起字，在《说文解字》中未收入。

隶书的“疼”字是个左上包围结构的形声字兼会意字。左上方的病字头为形符，表示跟疾病伤痛有关。右下方的“冬”字读“dōng”，作声符兼表意。这两个字形组合在一起，指“疾病或创伤引起的难受的感觉”。感到不舒服或难受，表示身患疾病了，所以“疼”字用病字头作形符。

古人为什么用“冬”字作“疼”字的声符呢？因为“冬”是一年的终了。人总有年老终了之时、人到老时，往往百病缠身，会带来疼痛和痛苦。另外，“冬”指冬天，冬天天寒地冻，有“凝固、闭塞”之义。而人之所以有疼痛不舒服感，是因为血气淤积，血流不畅所造成的，由于这两个原因，所以古人用“冬”字作“疼”字的声符并会意。

楷书的“疼”字由小篆演变而来，写作“疼”。

“疼”字的本义指“因疾病或伤痛而引起的难受感觉”，如：疼痛、发疼、酸疼、头疼、牙疼、嗓子疼等等。

人在生病疼痛时，往往会得到家人更多的关心和照顾，所以“疼”字又引申指“喜爱和爱惜”，如疼爱、心疼等。疼爱别人也称为“疼人”。

在方言中，形容惹人疼爱称“怪疼的”。

“疼痛”与“疼爱”

疼的感觉是痛苦的。就连不是病的牙疼，疼起来也要命。老年人，特别是糖尿病人，手或脚受到创伤不知道疼，结果伤口发炎化浓，又难以愈合，只好截肢，成了残疾人。

因为疼痛是损伤或疾病的征象，对肌体起着报警的作用，所以疼痛对人是有益的、必要的。当然，过分的长期的疼痛是要医治的。

疼痛对人有强烈刺激，会给人留下深刻印象，所以自古以来用鞭子抽、棍子打成了惩戒人、教育人的重要手段。汉字“教”字，左边是“孝”，右边的反文旁表示手拿棍棒教育子女，故民间有“棍棒底下出孝子”之说。旧时私塾先生用戒尺打学童手心，叫你记住，不可贪玩。如今新加坡的鞭刑，也是叫你记住，下次不敢再违法。

有个孩子，幼时喜欢划火柴玩，父母告诫过多次，他总是忘了。后来父母俩按着他屁股，用竹尺打得他屁股红肿，摸摸就疼，从此他再也不敢摸火柴了。事后他说，被打之前，他多次想点燃家里的蚊帐玩玩，幸亏那一顿暴打，他才放弃这个念头，否则他家小楼连同半条街就没了。

疼痛大都指皮肉之苦。最疼痛的是心灵创伤，内心的疼痛，所以有“心疼”和“心痛”之说。

西汉时有个人叫刘向，他写了本书《说苑》，记叙了春秋战国至汉代的历史故事和民间传说，其中讲到有个叫韩伯俞的孝子，平时他有什么过失，其老母就用拐杖打他，他跪下挨打，毫无怨言，从不喊疼。有一天，他母亲又杖打他，他突然嚎啕大哭。母亲惊讶，便问儿子今日为何痛哭。伯俞说：“以前您打儿子，儿子觉得疼，便知您身体健康；而今您打儿子已不再疼了，由此知您已年老力衰，担心您身体有疾，故而悲伤”。

母子间亲密无间，没有虚假。儿子由疼痛想到母亲的衰老，心里更疼，这便是亲情。“打是疼，骂是爱”的真谛也在于此。因为“疼”和“爱”是交融在一起的，故有“疼爱”一词。“疼爱”是应该发扬、值得享受的。只是懂得疼爱别人的人，才能享受被疼爱的幸福与愉悦。

téng

腾

金文

小篆

隶书

楷书

传递文书的驿马——腾

古代的“腾”字是个形声兼会意字。“马”是形符，表示跟马有关。“朕”是声符，读“zhèn”。“腾”字表示马拉着传递邮件的车子奔跑。

古时传递邮件或文书，都是由人骑马传送的。不管是人骑马还是驾马车，都跟马有关，所以用“马”字作形符。

古人为什么用“朕”字作声符呢？“朕”字表示双手举火，将牲口的血涂在船的裂缝上，用火烤的方法来修补裂缝，后来引申指“缝隙”，又引申指“迹象”和“预兆”。在甲骨文中，“朕”字被借用作第一人称。秦始皇干脆把它用作皇帝的自称。在“腾”字中，正因为“朕”有舟船修补裂缝的意思，也就有“急于并合”的意思。而传递邮件也有急于由此及彼并合的意思，所以“腾”字用“朕”字作声符并会意。

有人认为，“腾”字的本义指“奔跑、跳跃”。也有人认为，“腾”字的本义特指“驿马”。马在传送邮件时急如星火，奔驰前进。还有人认为，“腾”字的本义指传送文书的车子，也就是驿车。

以上几种说法，没有本质区别，只是在本义和引申义上有些先后不同而已。不管是马或马车，在奔驰时，都有奔跑、跳跃的意思，如奔腾、腾越、扑腾、欢腾、踢腾、万马奔腾。

“腾”字由本义引申指“上升，上下左右翻动”，如腾达、腾飞、沸腾、升腾、热气腾腾。

“腾”字又假借指“挪动、使其空出来”，如腾挪、腾时间、腾房子。

“腾”字用在某些动词后面，表示动作反复、连续，如翻腾、折腾、倒腾、闹腾。

“腾”字也作姓氏用。

夫人骑马回娘家——腾

江南书画院的老腾和老戴，结伴去黄土高原写生。这次，他俩一竿子插到底，直接来到陕北米脂县和绥德县交界的四十里铺，住在一户农民家。白天，他俩外出写生作画，晚上与村民闲聊拉呱，好不自在。

这天，老腾在山梁上写生，忽听身后响起一阵丁零当啷的铃声，还伴着高亢的信天游的歌声。他扭头一看，只见黄土高坡上走来两个人。一个是身穿大红袄、头插两朵花的小媳妇，骑在毛驴上。身旁是位头扎白毛巾的小伙子，牵着毛驴在唱歌。

自古以来，就有“米脂的婆姨绥德的汉”这一说，夸米脂的女子漂亮，绥德的男子英俊。可不，眼前这一对小夫妻，真称得上郎才女貌。

铃声伴着歌声渐渐远去，而这美丽动人的景象，已深深印在老腾的脑海里。第二天，他几乎是一气呵成，画了幅“回娘家”的水墨画：在那一望无际的黄土高坡上，一头毛驴，一条汉子，一位身着红衣、头插两朵红花的小媳妇跃然纸上。

老腾画好，正要落款，老戴叫道：“慢！让我来凑个热闹！”说罢，他在画的空白处，题了一首诗：

夫人回娘家，头戴两朵花。
住了一个月，骑马转回家。

老腾读罢，咂咂嘴说：“老戴，恕我直言，似乎有两处不妥。一是‘夫人’一词太文雅；二是明明骑驴，何以写骑马？”

老戴说：“这里暗藏你的‘腾’字，不得不如此啊。”

读者朋友，请联系这幅画细细品味，这首诗说的是不是一个“腾”字？

垂手拿着——提

tí

提

小篆的“提”字，是个左右结构的形声字兼会意字。左边是提手旁作形符，表示跟手的动作有关。右边是“是”字作声符，兼表意。读“shì”。这两个字形组合在一起，表示“垂手拿着”。

古人为什么用“是”字作“提”字的声符呢?

在金文中，“是”字是个会意字，上面是“日”字，下面是“正”字，当中一短竖象征端直之意，因此“是”字的本义为“端直”，后引申为“正确”，因此“是”就有“直”的意思。而垂手拿着有“自上而下”垂直之意，也就是“直”的意思，所以古人用“是”字作“提”字的声符并会意。

小篆的“提”字由金文演变而来。楷书的“提”字由小篆演变而来，写作“提”。

“是”字的本义指“垂手拿着”，如提灯、提篮、手提包、提心吊胆。由本义引申指“由下往上、由后往前移”，如提高、提价、提拔、提升、提早等。又假借指“举出、指出”，如提倡、提出、提案、提纲、提示、提要、提议等。由上义又引申指“取出”，如提纯、提货、提款、提炼、提制等。又假借指“谈起、说出”，如提亲、提起、旧事重提。由此又引申为“把犯人从关押处带出”，如提审、提讯。

“提”字是个多音字，读作“dī”时，假借指“小心防备”，如提防。

作为动词的“提”字，正如人手的动作多种多样，相关的词也丰富多彩。

提

小篆

提

隶书

提

楷书

“提”拔、提携和鞋拔子

什么叫鞋拔子？现在已不多见，但偶尔还用得上。这是穿鞋的用具，当穿较紧的鞋子时，放在脚后跟里往上提一下，使鞋易于穿上。

“提拔”和“提携”都是动词，和“鞋拔子”这个名词有什么关系？说来有段有趣的故事。

说到贪污腐败，大家便会想到行贿受贿。也许有人以为，贪腐分子只进不出，只会受贿。其实不然。有些贪官污吏，为了当更大的官，捞更多的钱，他得挖空心思，向他的上司行贿，以求升迁。

却说苏北有个县的教育局里，有位办公室副主任名叫常高昇。近日听说教研室李主任提升了，局里正物色一位合适的人接替他。常高昇为此开始谋划起来，而且付之于行动了。

常高昇认为，自己从一个民办教师提干为干部，又提升为科员，再提拔为副主任，前后十多年了，也该轮到自己了，再不提已没指望了。这教研室是管教材教辅读物的，出版社、杂志社、个体书商哪个不来巴结？他决心为此拼搏一下。他权衡再三，觉得最能提携自己的是负责人事的陈局长。陈局长跟自己沾点儿亲，平时有所交往，但交情不深，这关节怎么打通？该送什么礼？

治病要下猛药，送礼要送重礼，这个道理常高昇明白。送酒送烟拿不出手，送钱又太露骨。常高昇猛地想到，陈局长喜欢收藏地摊上那些假古董，也就是小工艺品之类。一次在南京朝天宫，他花钱买了个黄铜鞋拔子……

一想到鞋拔子，常高昇盘算开了。这玩意儿陈局长喜欢，投其所好嘛。再说提拔、提携都有提升提职的意思，还暗示陈局长，你只要提拔我，我能跟你携手共进，不会出事儿。提携、提拔跟“鞋拔”谐音，谅他会明白的。

常高昇打定主意，花了七万多元钱，找人定制了个金鞋拔子，送给了陈局长。陈局长笑纳了。但时隔不久，陈局长因其他事被纪检部门审查，他交出了这金鞋拔子，于是小县城里便传出了提拔、提携与鞋拔子的文字故事。

因伤痛发出哭声——啼

tí

啼

小篆

啼

隶书

啼

楷书

小篆的“啼”字是个左右结构的形声字兼会意字。左边的“口”字作形符，表示跟“口”有关。右边的字形是“虒”字，这个字读“sī”，作声符并会意。

“口”字与“虒”字组合在一起，指“因伤痛而发出的哭声”。因是指哭声，哭要叫喊，所以用“口”字作形符。

古人为什么用“虒”字作“啼”字的形符呢?

小篆的“虒”字是形声字兼会意字。从“虎”从“厂”。外面的“厂”字表示拉引，里面是“虎”字，指用力拉引剥去虎皮之意。剥虎皮的动作是一手扯着虎皮，另一只手插进皮肉之间，用力一下一下的揉搓，慢慢地将虎皮剥下，后来以此字指一种头上有角的虎，剥去虎皮之义便另加义符“扌”，写作“搋”来表示，“虒”也兼表声符。“虒”如今不再单用，只作偏旁，凡与“虒”组成的字，都与剥取等动作有关。剥取是十分痛苦的，所以“啼”字用“虒”字作声符并会意。

楷书的字形由小篆演变而来，写作“嗁”，后被作为异体字淘汰，“啼”字成楷书正规写法。

“啼”字的本义是“出声地哭”，如哭哭啼啼、啼笑皆非。“啼哭”指大声地哭。

“啼”字引申指“某些鸟兽的叫声”，如鸡啼、虎啸猿啼。

“啼”字也作姓氏用。

溪西鸡齐啼

郑板桥，清代著名的书画家、文学家。乾隆元年任山东潍县县令，颇受百姓爱戴。一天，他在离城不远的一小镇察访，当地几个豪绅得知，经一番密谋，以乡民茶话的名义，邀郑县令到茶馆小坐，倾听民意。暗中指使几位善作对联的秀才与他作对子，出些难对的上联让郑县令对下联。若对不出，就出他的丑，说他不学无术，将他赶出潍县。

郑板桥应邀来到茶楼，跟几位茶客闲谈。有一位乡绅提议道："久闻郑大人是饱学之士，本邑几位老秀才有几副对子向郑大人求教，不知可否？"郑板桥摆摆手："不必多问，请出上联！"

一位老秀才应声出联：

童子打桐子，桐子不落，童子不乐。

郑板桥呵呵笑道："你乃老秀才，不属童子。人家说的都是'桐子落''童子乐'，你为何改成不乐？受人指使，拾人牙慧。我送你一个下联：麻姑吃蘑菇，蘑菇真鲜，麻姑真仙。"

老秀才被说得满脸通红，坐下不响。又一个秀才站起身道："郑大人我这上联怪得很，请听：大丈夫半截人头"。

"大丈夫"三字，都是半个人头，暗指郑板桥不是大丈夫。郑板桥问："先生贵姓？"这秀才说："贱姓朱。"郑板桥朗声笑道："你一点儿不贱，贵得很呀。朱先生三个牛头。""朱先生"三个字都是"牛"字头。又有一个秀才吟道："屋北鹿独宿，五个字用的是同一个韵。"郑板桥随口应道："溪西鸡齐啼。"

时值中午有公鸡在啼了。郑板桥挥挥手："时辰不早了，各位回家吃饭吧。饭后还要干正经事呢。"此话是指，你们所搞的对对子全是无聊的玩意儿。

tí

题

金文

小篆

题

隶书

题

楷书

人的额头——题

楷书的“题”字，是个左下包围结构的形声字兼会意字。左下方的“是”字是声符，读“shì”，右上方的“页”字是形符。这两个字形组合在一起，指人脸部，头发根之下、眉毛之上的部分，这块平整的地方称“额头”，古代称为“题”。因“页”表示人的头部，所以，“题”以“页”做形符。后因“题”字另作他用，古人就另造了个“额”字专指“额”头之义。

古人为什么用“是”字作“题”字的声符呢？

古代的“是”字是会意字，由“日”和“正”组成，其中一短竖象征端直，表示太阳正中端直之义。本义指“端直、平正”，含有正确、合适之义。而人的额头在面部上方，以平正为好，所以“题”字以“是”字作声符并会意。

隶变后的楷书写作“题”。

“题”字的本义指“额头”，后引申泛指“事物的端头”。人写文章的题目总是放在文字之前，所以引申指“写作、演讲内容的总名目”。如诗文或讲演的标题称“题目”；写在书籍字画前后的文字总称“题跋”；书刊上诗文标题前的装饰图案称“题花”。题材、副题、课题、话题、离题、议题、论题、正题、主题、专题、借题等词中的“题”字都指总名目。

“题”字由上义引申指“练习或考试时要求解答的问题”。如：解答问题称“解题”；考试的题目称“试题”；教学上供练习用的题目称“习题”。讲题、例题、命题、难题、偏题等词中的“题”字都是此意。

“题”字假借指“写上、签署”，如：题词、题名、题签、题诗、题字。

“题”字也作姓氏用。

巧讽贪官卖考题

却说明朝万历年间，这年科举开考，朝廷任命陈士祥为主考官。此人贪婪成性，竟将应严加保密的试题高价出售，并因此一夜暴富。但丑行暴露后，被斩首示众，为世人所耻笑。

当时的文人编了一出戏在京城上演。剧情并不复杂，只有两个演员登台表演。其中一演员装小贩，手抱一只大公鸡在叫卖，另一演员扮过路人上场，问卖大公鸡的小贩：“这公鸡多重？”小贩大声说：“五斤！”

过路人又问：“几文钱？”

小贩伸出五个手指：“五百两！”

过路人惊讶道：“吓煞人了，一只公鸡值五百两银子，你不是开玩笑吗？”

小贩说：“你知道这是什么鸡？”

过路人说：“它是大公鸡，只会喔喔啼，不像老母鸡生蛋能赚钱！”

小贩说：“我这大公鸡能赚大钱呢。它重五斤，是本朝主考大人陈士祥家养的五更（jīng）啼。”

过路人问：“何为五更啼？”

小贩说：“它到五更天就啼，陈大人命名为‘五更啼’。他就靠卖‘五更啼’赚了大钱啊。”

过路人听罢，作恍然大悟状：“哦，我懂啦，主考大人就是靠卖‘五更啼’赚大钱的啊。”

这出短剧，巧妙地利用“斤”与“经”及“更”同音、“啼”与“题”同音，指出陈士祥出卖考题的丑行。当时考题都与“四书五经”有关，在这儿，“五更啼”暗指考题。

“五更啼”明指公鸡名，在五更啼叫。“更”字读“gēng”，在方言中也有读“jīng”。旧时一夜分成“五更”，每更大约两小时，由打更者报时。半夜为“三更”，天快亮时为“五更”，此时公鸡就叫了，故称“五更啼”。“五更啼”与“五经题”同音，又有五斤重作陪衬，更显情节合情合理。人们看了，心领神会，忍俊不禁。

有角质保护物的脚——蹄

tí

蹄

金文

小篆

蹄

隶书

蹄

楷书

小篆的“蹄”字，是个左右结构的形声字。左边的“足”字是形旁，表示这个字与脚有关。右边的“帝”（dì）字表示读音。

“蹄”繁体字写作“蹏”。右边的“虒”有三种读音和三种解释。第一种读“sī”，指一种像虎但头上有角的兽。这种兽能在水中行。第二种读“tí”，指古代地名，今河北省密云县以北一带。第三种读“zhì”，表示不整齐的样子。古人用“虒”作音符是很有用意的，其中指头上有角的兽这一点很重要，因为“蹄”与兽类有关，且与角质物也有关。

“蹄”的本义是指“马、牛、羊、猪”等动物脚趾端的角质物，也指“具有这种角质物的脚”，所以人们称动物的脚为“蹄”，如：牛蹄、猪蹄、蹄子、马不停蹄。

牛、羊、猪的四肢中的筋，作为食物时称为蹄筋。

“蹄”是动物的脚，又引申为量词，作为计算有蹄类动物的计量单位，如牧马二百蹄，就是牧马二百匹。在这儿“蹄”相当于“匹”。

唐·怀素

唐·孙过庭《书谱》

宋·米芾《草书帖》

皇帝的脚——蹄

北京城中心有条繁华大街叫长安街，长安街上有个地方叫珠市口，这儿人来车往，热闹非常。

“珠市口”，从字面上看，似乎是卖珠宝金银的闹市口。其实不然，原先这儿叫“猪市口”，本是京城卖猪的交易市场。

据说，清朝乾隆年间，大学者纪晓岚就住在这儿。

有一天，乾隆皇帝独个儿走出宫门到民间私访，听说纪晓岚家住猪市口，一路寻来，到了纪晓岚家。

纪晓岚忙不迭出门迎接。乾隆走累了，一进门，就坐在椅子上，跷起脚休息喝茶，纪晓岚在一旁侍候。

乾隆晃着脚尖儿，心血来潮，要纪晓岚以他的脚为题，说出一个字。这个字既要符合他的身份，又不能露出“脚丫子”等字眼。

纪晓岚博学多才，这可难不住他。他也知道，今儿皇上高兴，是想搞个文字游戏，寻寻开心。他一思忖，联想到自己住的“猪市口”地名，猪的脚称“蹄”，“蹄”由“足”和“帝”组成，这不就是皇帝的脚吗？于是，他便答道：“皇上，有一个字，说出来怕龙颜大怒，臣不敢说。”乾隆摆摆手说：“在你家里，你是主，我是客，主人说话，客人岂有发怒的，但说无妨。”

纪晓岚小声说：“蹄。”

乾隆听了，先是眉头一皱，颇为不快，继而一想，不由哈哈大笑：“答得好！答得好！”

用刀刮去头发——剃头

tì

剃

小篆

剃

隶书

剃

楷书

楷书的“剃”字是个左右结构的形声字兼会意字。它右边的立刀旁是形符，表示跟刀有关。左边的“弟”字是声符，读“dī”，指用刀刮去头发和胡须。

古人为什么用“弟”字作“剃”字的声符呢？因为“弟”字有“次第”的意思。“次第”指按次序、依顺序。因为剃掉头发、刮掉胡须是按照一定次第进行的，所以“剃”字以“弟”字作声符并会意。

楷书的字形是由小篆演变而来的。本义指“用刀刮去毛发”。

也有人认为，“剃”字的本义应是“剃去小儿的头发”，后来才引申泛指“用刀子刮去胡须和头发”。这样说，是否跟“剃”字的声符“弟”字有关？难道用“弟”字作声符，有兼表为小弟弟理发之义吗？这样理解，也过于勉强，有点钻牛角尖了。

与“剃”字所组的词不多。“剃刀”与“剃头”是常用词，人人都懂。“剃度”一词属动词，是佛教用语，专指“给要出家的人剃去头发，使其成为僧尼”。

“剃光头”也是常用词，这里有两层意思。一是用剃刀刮去全部头发。二是比喻考试中一个也没录取，或是比赛中一分也没得到，如同头上的头发被剃得光光的，什么也没有。这话含有幽默诙谐的意味。

舌上生毛“剃”不得

在汉字故事中，有不少解梦故事，其实，大都是借梦解字，玩的是文字游戏。

明代大文学家冯梦龙，编写了一本《智囊全集》，其中有一篇“舌生毛”，讲了个荒诞怪异、读了令人有点恶心的事。

故事说的是有位名叫马亮的官员，在江陵府任职。在职多年，到了期限，应该退休或调往别处任职，这儿应该由别人代替了。

任职期满前，朝廷尚无动静，江陵其他大小官员一时也摸不准：马大人是再留任一届，还是由他人替代？众人都持观望态度。马大人呢，在此经营多年，顺风顺水，很想再多干几年，直至告老还乡。

江陵城外有座古庙，庙里的住持大和尚广云是位高僧，不仅精通佛法，也极善为人解梦。一日，马大人得一奇梦，不便为外人言，只带随身仆人，到庙里去见广云大和尚，请他解梦。

广云大和尚问：“马大人作的何梦？说来听听。”

马大人面有难色，吞吞吐吐地说：“难以启齿，只能如实相告。前日梦中见舌面生毛，且很浓密，不知是何征兆？”

广云大和尚听了，闭目养神，手指不停地拨弄佛珠，嘴唇微微翕（xī）动，似念念有词，不一会，张开眼，拱手贺道：“马大人，此乃吉兆也。舌在口中，舌上生毛，万万剃不得。‘剃’与‘替’同音，乃替不得也。马大人现在所居之位，无人可替，也替不得，以老衲（nà）之见，马大人当连任也。”

此言一出，马大人之职无人可替，马大人将连任的消息传遍全城，不久朝廷发来公文：“马亮知江陵府”，真的是舌上生毛剃（替）不得啊。

不过，这是个文字故事，解梦一说，当不得真的。

tì

倜

超然洒脱 风流倜傥

小篆的“倜”字是个左右结构的形声字兼会意字。左边的“人”字作形符，表示跟人有关。这个“人”字侧身而立，显示出特异卓越。右边的“周”字读“zhōu”，作声符并会意。

“人”字与“同”字相组合，表示一个人洒脱、不拘束。因指的是人的神态与风采，所以古人用“人”作“倜”字的形符。古人为什么用“周”字作“倜”字的声符呢?

甲骨文的“周”字是个象形字，字形像钟体上雕刻着图形，表示雕刻十分周密。这个“周”字是“雕”字的本字，最早的“雕”字，本义指“雕刻周密”。

“周”字由本义引申指“周密、周到、完备，完全、周围”等义。为了分化字义，古人就另造了个“雕”字表示“雕刻”。“周”字则主要表示周密、完备之义。

一个十分洒脱、特异卓越的人，他待人处事必定是十分周密周到，必无往而不自得，所以古人用“周”字作“倜”字的声符并会意。

楷书的字形由小篆演变而来，写作“倜”。

“倜”字的本义指“卓异”，后泛指“洒脱、不拘束”。

洒脱、不拘束称“倜傥（tì tǎng）”。

超然或突出的样子，或疏远的样子称“倜然”。

成语“风流倜傥”，指“有才学而不拘束，洒脱而不拘礼法”。形容富有才华，洒脱不拘。

倜 小篆

倜 隶书

倜 楷书

蔡京告阴状——偶

北宋年间，有个叫蔡京的福建人，于熙宁年间，考中进士，任龙图阁待制，后升任开封府知事。由于他会迎奉拍马，又善耍两面手法，受到宋徽宗的重用，曾任太师、宰相。他在朝中拉帮结派，结党营私，排斥异己，又以手中大权，穷奢极欲，搜刮民脂民膏，百姓对其恨之入骨，称他为“六贼”之首。《水浒》中描写的蔡太师就是他。

蔡京曾多次被免职又多次复职。宋徽宗崇宁五年，蔡京被罢相，居住在浙江宁海城内。当时有位浙江吴兴人名叫吴偶“tì”，在宁海任官，出于礼貌，吴偶逢年过节去拜访蔡京，以示对离职官员的关心。

蔡京晓得吴偶是吴兴人，便委托他回吴兴时代买些当地的土特产，吴偶不得不派专人去为他购买。吴偶颇有些书生气，人很实在，每次购物，都以实价相告，并如数收下价钱。蔡京是吃惯拿惯礼品的，见吴偶竟不知好歹，如数收费，为此十分恼怒，记恨在心。

三年后，蔡京复职。一天，宋徽宗问他：“你认识推官吴偶吗？有几位大臣推荐他，朕打算调他进京，提升一级。”

蔡京略一沉思，想起几年前吴兴购物之事，便挑拨诬陷说：“此人我认识，且有过交往，其能力并非如人所说那么精明干练，他为人傲慢无上……”蔡京似欲言又止。宋徽宗追问道：“何以得知？”

蔡京道：“吴偶明知陛下御讳，臣多次提出，要他改名，他就是固执己见，绝不相从，乃一圈圈之。”

蔡京一边愤愤不平地说着，一边用手在半空画了个圈圈。他这番做作，是说“吴偶”姓名中的‘偶’字里有个‘吉’字。宋徽宗名‘佶’。‘吉’居‘门’之中，所以他以画圈圈表示，在宋徽宗面前不说‘吉’，以示避讳。其实这就是我们常说的框吉周而已。

宋徽宗默然不悦。蔡京看在眼里，便传令御史将吴偶罢免，削职为民。

蔡京借避讳报了一箭之仇，解了心头之恨。

当心蛇要咬人——惕

tì

惕

金文

小篆

隶书

楷书

金文和小篆的“惕”字，是个左右结构的形声兼会意字。左边的竖心旁是形符，表示跟心理活动有关。右边的“易”字是声符，读“yì”。“惕”字的意思指人要小心谨慎。

古人为什么用“易”字作“惕”字的声符呢？因为古代的“易”字是个象形字，其形状就像四脚蛇，本义指蜥蜴。这种小动物，如今在山间野地经常出没。这“易”字后来假借作“交易、变易”用，后来又引申指“容易”、简易用，还用来指“改变”，如改弦易辙，移风易俗。古人便又另造了个加了“虫”字旁的“蜴”表示“蜥蜴”。

也有人认为，古人之所以用“易”字作“惕”字的声符并会意，是因为“易”有变化、变革的意思。正因为事物易于变化，所以为人处事一定要谨慎小心。

“惕”字的本义指谨慎小心，如：警惕。

在书面语中，表示警惕、戒惧时，也写作“惕厉”或“惕励”。

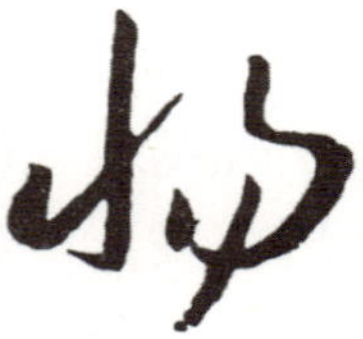
唐·李怀琳《绝交书》

《隶辨》

明·王铎《拟山园帖》

越易得到越要提防——惕

在现实生活中，人们常常把白领阶层、精英分子、骨干力量统称“白骨精”，据说多指女性。陈丽是上海一家电脑公司的业务主管，典型的“白骨精”，眼下已三十有二了，可仍待字闺中，没有找到如意郎君。

这天，陈丽乘地铁去车站。车上人挤，她没找到座位。刚站了一会儿，一位英俊潇洒的青年人站了起来，给她让座。陈丽客气地说“不用”。年轻人笑笑：“女士优先，这是规矩。”

年轻人的话很得体，陈丽坐下，两人便谈了起来。一路上，谈得很投机，双方留下电话号码，由此便成为朋友了。

接下来，两人的感情急速升温，由花前月下、谈情说爱，进而到逛商场、看楼盘，讨论结婚大事了。好友们都为陈丽找到恋人而高兴，也有人好言相劝，说不要如此匆忙，先看看再说。而陈丽正在热恋当中，除了对小伙子性情多变，办事儿容易改变主张有点儿不满之外，其余的，真是一百个满意。

陈丽说这小伙子容易改变主张，主要指买房子，他一会儿想在这儿买，一会儿又看中那儿，最终选定了浦东一个楼盘，总共一百二十万，一人出一半。这天，陈丽提了六十万现金交给男友，两人一块儿来到售楼处，可转眼男友不见了，等到天黑也没见他回来……

陈丽真不敢相信，热恋中的情人难道是个骗子？小姐妹们纷纷赶来安慰她。说来说去，也怪她放松了警惕。这些“白骨精”们都有文采，她们对这“警惕”的“惕”字各抒己见。有的说：“你既晓得他容易变心，就要提高警惕嘛。”有的说：“‘警惕’的‘惕’字就是这个意思，它是指你越容易得到他的心，越要警惕。”有的干脆说：“算啦，女人想结婚就容易头发昏，就会上当受骗，今后可要当心啦。”

鼻孔出气打喷嚏

tì

嚏

小篆的“嚏”字是个左右结构的形声字兼会意字。左边的“口”字作形符，表示跟“口”有关。右边的“疐”字作声符并会意。这个字读tì。这两个字形组合在一起，指“人从鼻孔里喷出气来”，这就叫打喷嚏。人鼻孔里出气，一般都是口鼻相通，口鼻共用，所以“嚏”字用“口”字作形符。

古人为什么用“疐”字作“嚏”字的声符呢？最早的甲骨文和后来的金文，“嚏”字没有“口”字旁，都写作“疐”，这个“疐”就是“嚏”字的本字。从这个字的字形看，上部像鼻孔里出气；当中的“田”字表示心田和腹部；下面的“止”字像脚，表示人在打喷嚏时提起脚尖在运气。应该说这“疐”字是个会意字，表示人在打喷嚏。正因为此，古人才用“疐”字作“嚏”字的声符并会意。楷书写作“嚏”。

有学者对“嚏”字作过生动的分析：“嚏”字从“口”，指张开大口；从“脖”，指仰起脖子；从“田”，指抬起鼻子；从“疋”，指与之相配合的踮起脚尖的动作。综合起来，描绘出了一个人打喷嚏时的动作和形象。

“嚏”字读音通“涕”。打喷嚏是鼻黏膜受到刺激而引起的一种猛烈的带声喷气现象，此时人的眼泪、鼻涕都情不自禁地喷将出来，这就难怪“嚏”字与“涕”字同音了。

“嚏”字的本义指“打喷嚏”。

在《现代汉语词典》中，“嚏”字的解释只有一个，而且只是字序对调了一下，即：嚏喷——喷嚏。

嚏

小篆

嚏

隶书

嚏

楷书

“喷嚏”和“嚏帝”

说起“喷嚏”二字，还有个典故哩。

从科学角度讲，打喷嚏是种生理现象。人鼻腔里的鼻黏膜由于受到刺激，会不由自主地急剧吸气，然后很快地由鼻孔迸发出一股气，并伴随着一阵“阿涕”声，这就是“打喷嚏”。

古人与今人一样，也打喷嚏。《诗经•终风》中有记载：诗云“寤言不寐，愿言则嚏。”可理解为“醒来了可睡不成，我思念了就喷嚏。”宋代大诗人苏轼《元日》一诗中有一句“晓来频嚏为何人？”这里都有思念他人的意思，故今日凡打喷嚏，都被说成有人在想念。于是，“喷嚏”便成了“有人在思念你”的征兆。人们常对打喷嚏的人说：“有人在想念你了。”

据专家考证，“喷嚏”一词最早出现在明朝文人刘诩编写的《戍庵老人漫笔》一书中。在唐朝以前，古人把打“喷嚏”称之为“错喉”，后来为何改称“喷嚏”呢？

据说唐玄宗跟他哥哥宁王很要好，常在一起用餐。有一次，宁王吃罢饭，觉得鼻腔和喉咙里不舒服，不由得打了个“错喉”。宁王忙向唐玄宗道歉，说是在皇帝面前打错喉很不礼貌。站在一旁侍侯的乐师黄幡绰心里也很紧张，无论是谁，在皇帝面前“错喉”都是失礼的。他怕唐玄宗发脾气，灵机一动，发挥了自己幽默风趣的特长，连忙插嘴说：“刚刚宁王对着皇上‘喷’的一声，那不是错喉，是喷帝啊。”在场的人一时没品出味儿来，黄幡绰解释道：“宁王面对皇帝而喷，这就是喷帝呀！这是在大声赞美皇上啊。”这一说，可把唐玄宗逗乐了，众人哈哈大笑，这一尴尬事便平息了。后来“错喉”就被说成“喷帝”。因“帝”与“嚏”谐音，“喷帝”又演变为“喷嚏”。

不过，有人对此说存疑。认为人在打喷嚏时，控制不住自己，往往“阿涕”一声，涕泪俱下，得用手帕揩拭才行，所以“喷嚏”的“嚏”字应为“涕”字才对，“涕”也指鼻涕，打喷嚏喷出鼻涕而谓之“喷涕”，那才是顺理成章啊。

tiān

天

甲骨文

金文

小篆

天

隶书

天

楷书

头顶上的一片天

甲骨文的“天”字分为两部分。上部的圆圈表示人的头部。下面的“大”字是个正面站着的人。这里突出了人的头部，由此可看出“天”字的本义是指“头顶”，应该说是个象形字。后来字形有些变化，那圆圈被一横代替。这样，“天”字就由“一”和“大”组合，成为会意字了。

“天”字中的“一”，有人解释为是世界上最大的事物，而这个事物就在人的头顶之上，它大得无穷无尽，远得无边无际，高得无影无踪，美得无与伦比，是神仙住的地方。这就是永恒无穷的宇宙，这就是先民们心目中的“天”。

头顶上的一片天，人们把它看得至高无上，对它充满崇拜，也满怀恐惧。因此，“天”的本义是表示天空，日月星辰所在的空间，如：天体、天象。同时也表示自然界，如天地、天灾人祸。由此又引申为天生的、自来就有的，如天资、天性。此外还用来表示天气、气候，如天阴、天热；还表示季节、时令，如：冬天、三伏天。

人们还把架在空中的以及位置在上面的也与天搭配起来，如天线、天窗、天堂、天使。“天”字也曾被披上神秘外衣，如天子、天神、天国、上天保佑。

轮流值日——天

中国的谜语，奥妙无穷，猜谜语，乐趣无穷。其实制谜语，也有无穷乐趣，难怪逢年过节，举行喜庆活动时，人们都喜欢猜谜语。

猜谜语的方式、内容很多，比较独特的是字谜。无论是制谜还是猜谜，都得有较高的文化水平。

在一次灯谜会上，制谜高手李先生上台，出了个字谜让大家猜。他一字一句地说出了谜面：

猜字有学问，此字不难认。
看来有两人，面目很难分。
不像是工夫，倒像是工人。

众人听罢，绞尽脑汁，相互商讨，半天没人猜出来。

过了好一会儿，老王上台，对老李说："我们俩轮流值日，怎么样？"

此话一出，台下人都丈二和尚摸不着头脑。就在众人沉默时，李先生猛地拍了下老王的肩膀说："好家伙，你不光是猜谜高手，也是制谜高手呀。佩服！佩服！"

众人迷惑不解。李先生大声说："老王和我出的谜，都是讲的一个字，你们说是什么字？"

台下无人回答。李先生给大家解释这是个"天"字。"天"字，可拆为"二人"，看上去不像是"夫"字，因"夫"字出头，所以像"工人"。"工人"连在一起看像个"天"字。老王说我俩轮流值日，这就是一人一"天"，指出了谜底是"天"字。

这下，大家才恍然大悟。

tiān
添

沾
小篆

添
隶书

添
楷书

水流增加补充——添

小篆的“添”字本来写作“沾”，读“zhān”。这是个左右结构的形声字兼会意字，指被雨水浸湿。隶变后的楷书写作“沾”。后来又造了个俗体字“添”字。

这“添”字是个左右结构的形声字。左边的三点水作形符，表示跟水有关。右边的“忝”字读“tiǎn”，作声符，这两个字形组合在一起，表示“增加补充，使其满足”。因水流总是昼夜不停地流淌，有不断增加补充的意思，所以“添”字用三点水作形符。

楷书的字形写作“添”。

“添”字是“沾”字的俗体字，现作为正体。古人将“沾”字和“添”字作了明确的分工。“沾”字读“zhān”，本义为“水增添”。后来此义为“添”字所有，“沾”字就用来表示“浸湿”。因此沾字的本义指“浸湿、湿润”，而“添”字的本义就指“增加、补充”。

增加、补充称“增添”，也称“添加”。增加光彩称“添彩”，也称“添色”；生了小男孩称“添丁”；给人增加不愉快，让人心烦称“添堵”，也称“添乱”；在原有以外再购置称“添置”。添油加醋、添枝加叶、添砖加瓦、锦上添花、画蛇添足、如虎添翼等词中的“添”都是增加、增补之义。

姓“天”还是姓“添”

在历史演变过程中，成者王，败者寇，一些失势的家族被对手追杀抓捕，不得不隐姓埋名或更改姓氏，以求生存。

元朝末年，天下大乱，群雄四起，争夺天下。最后只剩下朱元璋和陈友谅率领的两支军队。朱元璋能征善战，势力逐渐强大，重创元军。

陈友谅是元末南方红巾军首领，沔（miǎn）阳（今湖北沔阳西南）人，渔民出身。他颇有将才，率军攻城掠地，连克安庆、江西、福建、浙江多个州县，自称为帝，国号为汉。他是朱元璋的劲敌，几经交战，终于被朱元璋打败，陈友谅在鄱阳湖决战中被乱箭射死。

朱元璋打败陈友谅后，于1364年在应天府（今日之南京）自立为吴王。

朱元璋对陈友谅恨之入骨，除派兵围剿陈友谅残部之外，对陈氏家族也不放过。湖北的陈氏族人，有的坐地改姓，不敢再姓陈，有的纷纷外逃，远走他乡。

有一支陈氏族人，男女老幼近百人，在老族长带领下，逃到安徽一座深山古庙里，庙里的老和尚慈悲为怀，收留了他们。不料，此事走漏了风声，朱元璋派兵包围了寺庙，将陈氏族人赶到庙后天井里审问。首领问族长姓氏，族长年事已高，一时不知如何应对才好，手指天井上方，结结巴巴地说：“天，天……”

首领面有疑色，问道：“姓天？”

站在一旁的老和尚知道，历朝历代，都不能用“天子”的“天”字作姓，那是要避讳的。他立即上前解释道：“这位老先生口齿不清，他说的是添加之添，不是天上之天。”

这番解释，救了这群陈氏族人。据说，后来这群人就改姓为“添”了。他们在当地垦荒种地，繁衍生息，几百年下来，又成了一个大家族。

“天”与“添”同音。其实，现在既有姓“添”的，也有姓“天”的，不过，这两姓都属稀姓。

tián

田

甲骨文

金 文

小 篆

隶 书

楷 书

垄埂分割成农田

“田”字，是个象形字。在最早的文字里，有一些“田”字的字形是：在一个大方框里，纵横交错，分成九个小方格，就像一大块土地，被一道道垄埂分割开，成了一块块农田。在我国奴隶社会时期，曾实行“井田制”。奴隶主为计算自己封地的大小，便于监督奴隶劳动，把土地划分成许多小方块，因像“井”字形，所以叫做“井田制”。按规定，八家为一井，各占边上的一块私田，中间则为公田。也有人考证，认为中间是一口井，供八户人家灌溉饮用。后来做了简化，成了“田”字。

站在高处朝下看，农田的形状也确实像“田”。

“田”用来种庄稼，从事农业生产，所以“田”字的本义是“耕种的土地”，如农田、荒田、试验田。

正因为田里能长农作物，所以“田”字用来代表所有滋生的事物，以及可供开采的富有资源的地带，如：盐田、煤田、油田，还有“心田”。

“田”，也是个姓。

隋·智永

唐·怀素

唐·颜真卿《忠义堂帖》

祭“田”诗

湖南湘西一带，山多田少。民国年间，这一带兵荒马乱，土匪横行，可谓民不聊生。

凤凰县有一位姓田的大地主，被土匪绑了票。家里人花了不少钱，才把田老爷赎回来。老地主年老体衰，加上受了折磨惊吓，回家没两天便死了。儿孙们操办丧事，举行祭奠仪式。村上的一位老秀才特地写首祭诗送来，挂在大厅里。这首诗名为“祭田诗”：

昔日田为富家翁，今日田为累字头；
拖下脚来为甲长，伸出头来不自由。
田安心上常思过，田居当中虑不休；
当初只说田为福，谁知田多畾畾愁。

这首诗借田老爷的姓氏，引出与“田”字字形有关联的几个字：第一句说的是“富”字，第二句说的是“累”字，第三句说的是“甲”字，第四句说的是“由”字，第五句说的是“思”字，第六句说的是“虑”字，第七句说的是“福”字，第八句说的是“畾”字，每一句都包含一个带“田”的字。这些字表述了田多引来愁和祸，也表达了悼念之情。其中第六句中的“虑”字，是简化字，繁体字为“慮”，当中有个“田”。

这位老秀才，能写出这种既朗朗上口，又有深刻哲理，还有丰富知识的诗来，真可谓博学多才。

将凹陷垫平塞满——填

tián

填

小篆的“填”字是个左右结构的形声字兼会意字。左边的“土”字表示泥土，指跟泥土有关。“填”字右边的“真”字读“zhēn”，作声符并会意。

“土”字与“真”字组合，指“用土将凹陷空隙垫平塞满”。这跟土有关，所以古人用“土”字作“填”字的形符。

古人为什么用“真”字作“填”字的声符呢？

甲骨文的“真”字是个形声字兼会意字，表示人就着煮美食的鼎品尝美味。本义指“美食美味”。由美食的原汁原味引申指“本质、本性”。由此又引申指“真实、真诚”，又引申指“确实、不虚”，还引申指“充实不空”。把凹陷处垫平充塞也有“充实不空”之意，所以古人用“真”字作“填”字的声符。

楷书的字形由小篆演变而来，写作“填”。

“填”字的本义指“把凹陷的地方垫平塞满”。如填或补满称“填补”；填补某个空间，称“填充”；教学中测试的一种方法，称“填空”；土木工程施工时回填土石方称“填方”；女子嫁给死了妻子的人称“填房”；强制育肥鸭子称“填鸭”；用填埋、回填等方式修筑堤坝、道路、人工岛称“填筑”；往洞穴或空着的地方填东西，使之塞满称“填塞”。“填”字由本义假借指“按项目、格式写或作”，如填写、填表、填报、填词、填发等。

填

小篆

填

隶书

填

楷书

“填”和“精卫填海”

“填”字作动词用，指把凹陷的地方垫平塞满，有填沟、填塘、填河，还有填海。古代有个神话传说“精卫填海”，后来成了成语，用来比喻意志坚决、矢志不移，有时也用来比喻徒劳无益。“精卫填海”，也说作“精卫衔石”或“精卫衔木”。

这一成语的出自古书《山海经》。《山海经》是本古代地理著作，旧说为大禹所记，近人认为并非是一人一时之作，大约是战国至西汉时的作品。今本共十八篇，其中“山经”五篇，“海经”十三篇，共三万一千多字。内容主要是民间传说中的地理知识，是研究古代历史，地理、文化、民俗、神话等的重要文献，其中保存了不少远古时期的神话传说，其中“精卫填海”就是篇代表作。

“精卫填海”说的是在远古时代，炎帝也就是“神农氏”的小女儿女娃在东海游泳时被淹死，连尸首都找不到。女娃的冤魂化作一只鸟，外形像乌鸦，白嘴、红脚、头顶花纹，名叫“精卫”，后人也称之为“冤禽”、“志鸟”。

精卫痛恨东海，下决心要把东海填平。它每天衔小石子和小树枝飞到东海上空，然后扔进海里。它日复一日，每日不断，要用这些小石子小树枝填平东海，报仇血恨。据说，精卫与海燕配偶，所出生的小鸟，若是雄的，便是小海燕；若是雌的，便是小精卫。小精卫刚学会飞行，就会像它的母亲一样，衔着石子和树枝去填东海。

可是，那无边无际，那么深又那么广阔的东海，小小的精卫用那一点点儿石子和树枝，怎能将它填平呢？精卫的愿望是难达到的啊。

对这一成语，人们最常见的解释是：赞扬精卫锲而不舍、不畏艰难、报仇血恨的决心。但也有不少人认为，一只小鸟，想用石子和树枝填平大海，这是不可能的事。既是不可能的事，为什么还要徒劳无益地不间断地去做呢？这不是愚昧而又愚蠢吗？所以在现代一些辞书里，在解释这一成语时，对精卫填海的举动，作出了客观的评价，认为精卫填海，既比喻意志坚决，矢志不移，也可比喻徒劳无益。这就看你怎么用，别人怎么理解了。

用舌头取食——舔

tiǎn

舔

小篆的“舔”字是个左右结构的形声字兼会意字。左边的“舌”字为形符，表示跟舌头有关。右边的“忝”字读“tiǎn”，是“添”字简省的写法，作声符并会意。

“舌”字与“添”字组合，指用舌头取食或接触东西。因是用舌头取食，所以古人用舌字作“忝”字的形符。

古人为什么用“添”字作“舔”字的声符呢？

“忝”是“添”字简省的写法，去掉了三点水。“添”字的本义是“增加、增添”，而用舌头获取东西或取得食物，都有增加和增添的意思，所以古人用“添”字简省的“忝”字作“舔”字的声符并会意。

楷书的字形由小篆演变而来，写作“舔”。

“舔”字的本义指“用舌头取食或接触东西”。

人们在吃完盘子里或碗里剩下的食物，往往会用舌头舔两下，为的是吃干净、不浪费，这叫“舔盘子”。也可指“伸出舌头舔嘴唇”。

舔字也泛指“动物用舌头舔东西”，如猫儿舔爪子。

舔

小篆

舔

隶书

舔

楷书

口哈冻笔舌“舔”墨

对联之所以广受人们喜爱，就在于它雅俗共赏，形式多样。一个不经意间的小动作，如用舌头舔一下也能入联，还写出情致来，让人会心一笑，这也是一种魅力，且有艺术性。

民国年间，湖北建湖县蒋营镇有位私塾先生名叫吴润生，他是那一带最有学问的人，人称吴大先生。他下巴上有撮山羊胡子，有事儿没事他就用手捻胡子，特别是写诗作文时总是不停地捻，仿佛能从一根根白胡子里捻出一个个字来。

旧时的私塾，大多是教蒙童，即刚刚开始读书识字的儿童，所以私塾也称“蒙馆”，私塾先生也称“蒙师”，也就是启蒙老师。六七岁的孩子每天读“人手足刀尺”这些字，另外背《三字经》《百家姓》《千字文》之类的书。私塾里也会有一些十来岁的大孩子，也跟着一起学。吴大先生因材施教，除了教这些大孩子识字背书外，还教诗词句章作对子。

有个名叫王连华的远房亲戚，也在吴大先生门下读书，顺带着做些扫地抹桌子的家务事。这孩子手脚勤快，聪明好学，深受吴先生喜欢。

这年除夕，吴大先生忙着给左邻右舍写对联。时值隆冬，天寒地冻，王连华在一旁帮吴大先生磨墨。吴大先生见笔头被冻住了，便张大嘴巴对着笔尖哈热气，还伸出舌头舔舔笔尖。王连华看了捂着嘴巴笑。吴大先生故意把这两个动作重复了一遍，对王连华说：“这叫‘口哈冻笔舌舔墨’，今日你给我对出个下联来，要不年夜饭你就到灶间去吃啰。”

王连华听了，就开始琢磨着下联，可到天快黑了，也没找到词儿。他一边帮吴大先生擦亮煤油灯，一边将灯芯向上捻了捻，擦根火柴将灯芯点亮。灯一亮，他心也亮了，连忙喊：“先生，先生，下联对出来了。‘手捻油灯指沾油’怎样？”吴大先生听了，琢磨了一下，连声夸好。

对联就是这样，平平常常一句话也能成对子。

配合得和谐均匀——调

tiáo
调

小篆

調
隶书

调
楷书

小篆的“调”字是个左右结构的形声字兼会意字。左边的“言”字”作形符，表示跟言语说话有关。右边的“周”字读“zhōu”，作声符并会意。“周”字跟“言”字组合，指“配合得和谐均匀”。

要配合得和谐均匀，就要做大量的说服劝导工作，“言相合，意相通”，只有相互交流才能达到一致，若话不投机，就无法和谐，所以言语及思想交流是十分重要的。正因为此，古人才用“言”字作“调”字的形符。

古人为什么用“周”字作“调”字的声符呢？

甲骨文的“周”字是个象形字，字形像在钟鼎上雕满突出的图案，表示雕刻周密之义，因此“周”字是“雕”字的本字，是最早的“雕”字。“周”字的本义指“雕刻周密”。后来“周”字由本义引申泛指周密，古人就另造了个“雕”字表示雕刻。“周”字专门表示“周密”。“周密”有密切、密合之义，进而又有“亲密”和“关系好”之义，而关系近、感情好才能配合和谐，正因为此，古人才用“周”字作“调”字的声符。

楷书的字形由小篆演变而来，写作“調”，现简化为“调”。调字的本义为“配合得和谐均匀”，如调和、调节、调理、调味、调音、风调雨顺。“调”字由本义引申指“使其和谐”，如调解、调停、协调、调处、调整。又引申指“挑拨、戏弄”，如调戏、调侃、调情、调笑。

“调”字是个多音字，读作“diào”时，由本义引申指“安排调动”，如调拨、调度、调换、调令、调派。又引申指“音的高低变化”，如声调、曲调。还引申指“了解、调查”，如外调、涵调、内查外调等。

计划周密——调

民国年间，南京夫子庙文德桥头的测字大师胡铁嘴，因测字准确，为人厚道，办事稳妥，从不泄露客户隐私而受人敬重，被人信任，凡有不易声张，不愿被知晓的事，都找他商量。

这天，一位老先生上门求测。老先生的儿子在银行工作，精通业务，身强力壮，有些武功，所以深受行长信任。近日行长要派他去英国执行一个极重要极秘密的任务。儿子不愿多说，老先生也不敢多问，只好请胡大师测个字，看儿子此番外出，能否一帆风顺，也好放心。

胡铁嘴听罢，心中有底，递上字袋说："请老先生拣个字，我以字说事，不空口说话。"

老先生摸出个"调"字。按惯例，胡铁嘴铺纸提笔，写了个大大的"调"字说："老先生，令郎所要做的事，确实重大。你看这'调'字，左为'言'旁，右为'周'字。平常人可看作是周密不可外泄之言，但从测字学讲，应理解为'周公之言'。'周公'是远古西周王朝的贤明君主，他所说的话应是吉言。你看，'周'字里有个'吉'字，'吉'字由'士'字与'口'字相合，壮士也罢，文士也罢，绝不会是污言秽语或恶言恶语。因此，从'调'字的字相来看，令郎这次远行，有吉祥如意、一帆风顺之象。"

老先生听了，深深地吐了口气，又问："万一坏人跟随下毒手呢？"

胡铁嘴道："老先生不必刨根究底，硬要挖出凶险凶恶这些话题来。就'调'字而言，左边'言'字，令郎一言不发，守口如瓶，这便是祸不从口出。再看'周'字，脱去外衣，里面是'吉'字，'吉'字从'士'从'口'，一副善象。'调'字读音为'diào'，与'掉'字同音。若事情有便，掉头就跑或掉转方向也来得及。'调'也读"tiáo"，若是有困难，自有人从中调和，周旋的余地很大啊，再加上令郎聪明机智，身手不凡，自能应付自如，何用你操心？再说行长怎会派一个弱不经风的傻瓜去执行这一任务呢？"老先生听罢，这才放心地走了。

tiào

跳

小篆

跳

隶书

跳

楷书

双脚离地跃起——跳

小篆的“跳”字是个左右结构的形声字兼会意字。左边的“足”字”是形符，表示跟脚有关。右边的“兆”字读“zhào”，作声符并会意。

“兆”字与“足”字组合，指“双脚离地跃起”。因为是两只脚离地跃起，所以古人用“足”字作“跳”字的形符。

古人为什么用“兆”字作“跳”字的声符呢？有专家认为，这里的“兆”字是“挑”字简省的写法。因为“挑”字有挑起来、举起来的意思，均表示抬高、举高之意。而一个人双脚跃起，也有举起抬高之意，所以古人用“挑”字简省的“兆”字作“跳”字的声符并会意。

楷书的字形由小篆演变而来，写作“跳”。

“跳”字的本义指“双脚跃起”，如：跳远、跳高、跳舞、跳伞、跳台、跳高。旧时有一迷信活动，模仿鬼神为人治病驱邪，手舞足蹈，此为“跳神”。

“跳”字由本义引申指“物体由于弹性作用而突然向上移动”，这就是“弹跳”、“跳板”。

“跳”字由本义又引申指“一起一伏地动”，这就是“跳动”，如：心跳、眼跳。“跳”由本义还引申指“越级、越过”。如跳级、跳行、跳栏、跳马、跳棋、跳绳、狗急跳墙、张生跳墙等词语。

龙门“跳”浪

清朝乾隆年间，广东陆丰县五云洞有位教书先生，他有一对双胞胎儿子，一个叫彭如槐，一个叫彭如干，弟兄俩都聪明好学，成绩突出，经十年苦读，两人都考中举人，获得了到京城会试的资格。

弟兄俩日夜兼程，跋山涉水，好不容易赶到北京城。因人生地不熟，待赶到考场时，已过了时辰，考场已封闭。弟兄俩急了，就举起拳头，拼命敲门。守门的将他俩抓住，送到主考官那儿听候发落。弟兄俩诉说道：“我俩是从广东赶来会考的，迟来了一步，望大人开恩，让我们进去考一考，也不枉十年苦读。”

主考官年事已高，为人和善，他打量了弟兄俩说道：“错过考试，本不许进，但念你二人自万里而来，本官稍作通融，先考一考你们。我出句对，谁对得好，就进去。对不出，那就请回吧。”说罢吟出上联：

小小鱼虾，焉能水中作浪？

彭如槐马上应道：

翩翩彩蝶，只要花下寻香。

主考官上联有轻视二人和责怪之意。彭如槐的下联对得工巧，表达了迫切参加考试的意愿。

主考官点头认可，放他进去。又吟道：

两尾金鱼，岂也龙门跳浪？

这上联语气客气了许多，喝问彭如干怎么敢学鲤鱼跳龙门的？一个“跳”字，用得贴切传神。

彭如干应声答道：

一双燕雀，特来凤阁争巢。

这下联表达了弟兄俩要来京城会考一争高下的决心。主考官也让他进去了。考试结果，弟兄俩双中进士，一时传为佳话。

用帛做的书签——帖

tiè
帖

帖
小篆

帖
隶书

帖
楷书

小篆的“帖”字，是个左右结构的形声字兼会意字。左边的“巾”字是形符，表示跟丝织品有关，右边的“占”字作声符，读“zhàn”。两形合一，指用帛做的书签。在此，我们顺便再说一下“巾”字。

古人为什么用“巾”字作“帖”字的形符？

“巾”字是个象形字。在甲骨文中，像佩巾下垂的样子。有人说“巾”字中间一竖表示系（jì）佩巾的带子，其本义指“佩巾”，又指“用来擦洗的巾”，或指“用来覆盖物品的巾”，这就是我们现在所用的小毛巾或大毛巾。后又引申指“头巾、领巾”。其实，我们猛一看，这“巾”字又何尝不像家中挂着的洗脸毛巾？

“帖”字既然指的是书签，而这书签又是用“帛”做的，“帛”又是丝织品的总称，“帛”中的“巾”也属织物，指用来擦抹东西的长条形的布，所以“帖”字用“巾”字作形符。而且“巾”的形状也有点像书签啊，只是太大了些。

古人为什么用“占”字作“帖”字的声符呢？因为书签夹在书中有站立停留的意思，而“占”也有这两层意思。也有人认为，“占”还指书签占有了书中某处的意思，所以“帖”字用“占”字作声符并会意。

“帖”字是个多音字，它的本义指“用帛做的书签”。由这本义引申指“供人学习临摹的范本”，如碑帖、画帖、字帖。

当“帖”字读作“tiě”时，引申“指随手写的便条”，如帖子、回帖、请帖、谢帖。还有现在网络上用得很普遍的“发帖、跟帖”。“帖”字又引申指“写着生辰八字之类的折子”，如庚帖、换帖。

当“帖”读作“tiē”时，假借指“平稳、妥当”，如妥帖、宁帖。

“帖”字还假借指“服从、顺从”，如：服帖、俯首帖耳。

“帖”字也作姓氏用。

“吉帖”像“喜”字

高明的测字先生，能察言观色，看出求测者的求测目的、心理状态乃至善恶本性。

却说测字名家谢石，生于两宋相交时期，是四川成都人。成名后，谢石到京城汴梁谋生，租了书生唐家宝的一间门面房，挂牌测字。唐家宝老母病重，谢石上门探望，并借“唐”字，测出“康头居脚”的吉言，说他老母必定“健康康复，安居乐业”，给唐家宝不少安慰。

唐家宝老母康复后，特地来向谢石道谢，并顺便送来一份请帖，说有人为儿子做媒，她想先跟女方父母见个面，等情况摸清了再说，地点约在狮子楼茶馆。她再三邀请谢石以亲友身份同去，帮着拿拿主意。老太太提出，去之前想测个字，看这门亲事如何。

谢石问：“测什么字？”

老太太拿出写有“吉帖”二字的请帖说：“我不识字，就请测这两个大字吧！”

谢石早就听说那女子属积善人家。他指着“吉帖”二字说：“老夫人，恭喜啊，这桩婚事能谈啊！这‘吉帖’二字紧紧相连。把‘帖’字中的‘巾’字放到‘吉’字的下面，就很像个喜字，说明此事有喜庆之象啊。”

老太太听了，喜得合不拢嘴，乐颠颠地回家张罗相亲的事儿了。

【瓦当欣赏】

战国画像瓦当

以物作抵押借钱——贴

tiē

贴

古代的“贴”字，是个左右结构的形声字兼会意字。左边的“贝”字是形符，表示跟金钱宝贝有关，右边的“占”字是声符，读“zhān”。这两个字形组合在一起，指“以物品作抵押，向别人借钱”。古时的“贝”字指货币金钱，所以用“贝”字作形符。古人为什么用“占”字作“贴”字的声符呢？因为“占”有“占有”的意思。既以物品作抵押，债权人对债务人的物品就具有占有权，所以“贴”字以“占”字作声符并会意。隶变后的楷书写作“貼”，简化为“贴”。

“贴”字的本义为“拿物品作抵押向人借钱”。也有人认为，“贴”字的本义为“典当”。

“贴”字由本义假借指“粘合、粘附”。“粘”字读“zhān”，也读“niān”。如剪贴、粘贴、张贴、招贴、贴花、贴金、锅贴。

“贴”字由“粘合”引申指“靠近、紧挨着”，如：贴近、贴身、贴水、贴题、贴边、贴心、体贴、贴己、体贴入微。“贴”字由此又假借指“补助、添补”，如贴现、贴息、倒贴、津贴、贴本、房贴等都有“补助”的意味。

“贴”字也有顺从、服从的意思，还有妥当、稳当的意思。这两种意思跟“帖”字通用，即伏贴、妥贴，但人们常用“妥帖、服帖”。

“贴”字也作量词用，如一贴膏药。

貼 小篆

貼 隶书

贴 楷书

“贴”心的小棉袄

无锡梁溪谜语研究会的市民讲座，越办名气越大了。听讲的人已不限于茶客和谜语爱好者，不少退休老人也闻讯而来，已是人满为患了。这天，由小陶讲“贴”字。他先说了两个字谜：一个是“战败之前”，第二个是“战前动员”。这两个字谜都在“占”字前面的“贝”字上做文章。“败”字前头为“贝”，“动员”指动了“员”字剩下“贝”字，跟“占”字合起来为“贴”字。

讲罢字谜，小陶详细讲了“贴”字的字形字义。他说这“贴”字有靠近、贴切之意，说明关系亲密。他又从“贴”字读音上分析，“贴”音通“铁”，“铁”有坚定牢固之意。“铁哥儿们”指密不可分的兄弟关系，属贴心人……

小陶正说着，一位老大妈走上台，不客气地对小陶说：“小伙子，你坐着喝口茶，歇歇气，让大妈说两句。”会长马汉文带头鼓掌。在掌声中，老大妈讲了她心目中的“贴”字——

我是裁缝出身，不知做了多少件衣裳。做衣裳最要紧的是要合身、贴身，穿在身上不大不小，贴在身上才舒服又漂亮。后来我进服装厂当缝纫工，又当过电熨工，负责熨烫衣服。干这行当最要紧的是衣服要烫得熨贴、平整。总之，我这一辈子手不离“贴”字。但我年纪老了，感受最深的，不是剪呀贴的，而是“贴心”的“贴”。刚刚主持人小陶讲，关系紧密的贴心人称“铁哥儿们”，依我看，最贴心的还是冬天穿的小棉袄。天冷了，心口容易进风，穿上一件贴身的小棉袄，就暖和得不得了。难怪有人把女儿比作父母的小棉袄，因为女儿心细、知心、贴心，对父母有孝心、有爱心。我没有女儿，但儿媳妇就像亲生女儿一样。举个例子吧，眼下天冷了，我最怕冷。用空调，我容易感冒；用电热毯，我又过敏。媳妇善解人意，她以孙子要跟奶奶睡为借口，她就跟孙子一起，睡在我脚底下为我焐被窝。什么叫贴心？心贴着心才算贴心，心贴着心就像穿件温暖的小棉袄，浑身舒服。我唠唠叨叨讲这些，没什么大学问，就讲了一个理儿：与人相处，应该像贴心的小棉袄那样温暖舒服。

嘴讲耳朵听

tīng

听

甲骨文

金 文

小 篆

聽

隶 书

听

楷 书

简写的“听”字，是个左右结构的形声字。左边“口”，右边“斤”，本义是张口笑的样子。现在这个字义已消失了，真正的作用是表示用耳朵听取声音。它是由繁体字“聽”字同音假借简化而来的。所以我们讲“听”字，必须从甲骨文的“听”字讲起。

甲骨文的“听”字是个会意字。一只大耳朵，上下两个“口”，这些都是象形字。“耳”，是人的听觉器官。“口”，是人的发音器官，两者结合，表示口说话，耳朵听，本义是听到声音。

金文的“听”字，仍然是“耳”与“口”相结合，表示“口”说耳听。

到了小篆，“听”字的结构复杂化了。它由“耳”“悳”“壬”三部分组成。其中的“壬”字表示读音。到了繁体字楷书时，这“壬”字写成了斜王旁的“王”字。“悳”读“得”声。有人考证，这是古代“德”字的字形。“德”有嘉言的意思，“闻之嘉言为德”。也有人认为，“德”与“得”同音。在这儿，借用“得”的意思，与“耳”字组合在一起，表示“耳有所得”，便是耳朵获得了声音。这样，“听”字的本义就是“用耳朵听取声音”，如听音乐、听故事、倾听、听而不闻。

“听”，又转义为听从、接受的意思，如听话、听候、听指挥、言听计从。“听”，也有任凭、随便的意思，如听任、听凭、听便、听其自然、听之任之。“听”，又有治理、判断的意思，如听政、听讼。“听”，也指一种用镀锡或镀锌的铁皮做的罐子，如听子、茶叶听、香烟听、饼干听。

“听”，有时作量词用，如一听茶叶、一听香烟、一听肉罐头。

十四岁一心学文化——听

现在简写的“听”字只有七画，而繁写的“听”字有二十二画，既难写、又难记，所以把一些字简化也是必要的。但简化得要有道理，有趣味。一些有识之士认为，简写的“听”字，简化得不能令人满意，因为它不能体现“口说耳听”的本义。更何况，“听”主要靠耳朵，离开耳朵怎么听呢？如若按老祖宗所说的本义，“口”说“耳”听，“口”“耳”相结合，不是个很好的“听”字吗？无论怎么说，用“耳”字总比用“斤”字好啊。

说起繁写的“听”字，有一段有趣的故事。

几十年前，我国农村进行过几次大规模的扫除文盲的运动。不识字的人纷纷上夜校，学文化。

却说苏北阜宁县杨集乡王庄有位王姑娘，十四岁了，一字不识，但她一心想要学文化。教她识字的是县文化局的李局长。李局长幽默风趣，他把难写难记的字编成儿歌来教她，其中广为流传的是“听”字。

王庄有位王姑娘，
十四岁才上学堂，
一心要听老师讲，
耳朵竖得长又长。

这首儿歌，把繁体“听”字的每个部件都嵌了进去，朗朗上口，生动有趣，易懂易记，真是妙不可言。

有顶无墙的亭子

tíng

亭

金文

小篆

亭
隶书

亭
楷书

金文的“亭”字是个象形字，也是个上下结构的形声字兼会意字。说它是象形字，因“亭”字的字形确实像座亭子。古往今来的亭子，最大的特点是有顶无墙，是建在路边供人休息的建筑。

小篆的“亭”字由金文演变而来，上面是“高”字简省的写法，这是形符。下面的“丁”字是声符，读“dīng”，并兼表意。

为什么用“高”字作“亭”字的形符呢？因为亭子一般较高，所以用“高”字作形符。古今的亭子大都建成细高长形，人们在此歇脚休息，这就有了停止之义，而“丁”字就是古代“钉”子，这钉子是细而长的，而且钉子钉入木头里也有定止之义，所以“亭”字用“丁”字作声符并会意。

“亭”字的楷书由小篆演变而来，简体写作“亭”。

“亭”字的本义指“古代设在大道旁边供行人停留食宿的处所”。秦朝和汉朝时期，将“亭”设为基层行政单位，大约是十里一亭，设有“亭长”一人。汉高祖刘邦就当过泗水亭长。十亭为一乡，与今日的乡差不多。

“亭”字由停留食宿处，又引申指“路边或公园供人休息的小型建筑物”，如茶亭、凉亭。

“亭”字由本义又引申指“像亭子的小房子”，如岗亭、书报亭、邮亭。

“亭”字由本义假借指“细长而挺拔”，如成语“亭亭玉立”，指高耸直立的样子。或形容花木挺拔秀丽。也用来形容少女体态修长苗条。

“陶然亭”对“张之洞”

对联是汉语所特有的一种文学样式。它要求上下联字数相等，语法结构相同，相应的部分词性相同，平仄相反等等，要求十分严格。

对联种类中，有种“神仙对”，又称“无情对”，它刁钻古怪，打破常规思维，不能以常情理解和欣赏，它常将上联音节按一音多词或一词多义生发跳跃式联想，再随着跳跃联想，游走寻对。

却说清朝年间，一代名臣张之洞，与一帮文友们在京城陶然亭聚会，众人吟诗作对，好不开心。张之洞指着亭前匾额上“陶然亭”三字，对众人说：“以这三字为上联，谁能以神仙对作下联？”

此言一出，众人沉默，苦思冥想，寻找下联。过了一会，一位名叫李文田的官员说：“若要作神仙对，非你张大人姓名莫属矣。”

众人听了，一番回味，都拍掌大笑，连声喝采：“妙！妙！此乃绝对也！”

以“张之洞”对“陶然亭”确实令人叫绝。从字面上看，“陶然亭”是亭子的名称，张之洞是人的名字，虽然都是名词，但有人与物的区别，应该说是有欠工整。但是你脑筋急转弯，跳跃式思维，再一想：“张”字与樟树的“樟”字同音，而“陶然亭”的“陶”字与桃树的“桃”字同音，这样就可联想跳跃为“桃树”与“樟树”相对，上下联就变成树名相对了。当中的“然”字与“之”字都是虚词，上下完全相对。最后一个字“亭”字与“停”字同音，下联“洞”字与“动”字同音。上联谐音的“停”字指“停止不动”，而下联谐音的“动”字指活动行动，这种就可联想为绝妙的“反对”了。

古人称“正对为劣，反对为优”，就是说正对的对联不算稀奇，能对出“反对”的对联才算高水平。可见“陶然亭”对“张之洞”这副“神仙对”不可多得啊。

厅堂前的空地——庭

tíng

庭

小篆的“庭”字，是个左上包围结构的形声字兼会意字。左上方的“广”字是形符，“广”有房屋的意思，表示跟房屋有关。右下方的“廷”字是声符，读“tíng”。这两个字形组合在一起，指房屋里的厅堂。

古人为什么用“廷”字作“庭”字的声符呢？因为古代的“廷”字指“皇帝处理国家大事的地方”，也有房屋的意思，所以“庭”字以“廷”字作声符并会意。

“庭”字的本义指“厅堂”，如以婚姻血统关系为自然基础的社会生活组织形式称“家庭”。家庭、大庭广众都是指本义。

“庭”字由本义引申指“正房前的院子”。院子里的台阶称“除”，所以庭院也称“庭除”。院子分前院后院，前院也称“前庭”，这个词也用来指“人的前额”；有花草树木的院子称“庭园”；比喻相差很远称“径庭”；门口和庭院称“门庭”；安静的庭院称“闲庭”；帝王或天神居住的地方称“天庭”。

“庭”字由本义引申指“法院判案件的地方”，如：法庭、庭审、开庭、出庭、庭长、庭辩等，都与法庭审理案件有关。

“庭”字也作姓氏用。

金文

小篆

庭
隶书

庭
楷书

老“庭”长讲“家庭”

今日讲法律法制知识的是退休民事审判庭庭长老凌。

老凌从“家庭”二字开讲，重点讲“庭”字——

“家”字前面讲过了。宝盖头下是“豕”（shǐ）字，指猪，这说明人类已从游牧生活过度到农耕定居生活了。人与猪共居一室，这是人畜兴旺、五谷丰登之意。“家”字加“女”字旁，表示女子嫁过来了，这就有了“家室”。“家”与“佳”同音，意味家庭和睦美满，这是家庭的最佳状态。

“庭”字最早写作“廷”，这是个象形字，像一个人站立在庭中阶梯前的样子，表示“庭院”。“廷”字的本义指“庭院”，后来这个意思被加了义符“广”字的“庭”字所取代，原先的“廷”字引申指“宫廷、朝廷”，这样，“廷”与“庭”就分为两个不同意义的字了。

“庭”字是“广”字头。东西之间的宽度叫“广”，南北之间的长度叫“袤”（mào），这个范围叫“广袤”。“广”字繁写为“廣”，是指土地面积。土地是黄色，所以“廣”以“黄”字作声符并会意。“廷”指国家的首都，所以叫做“宫廷”。“宫廷”是管理这块广袤土地的政府，也是国家的概念。庭，也就是家庭，国家就是由千千万万个家庭组成的。从这个意义来说，家庭是组成社会和国家的细胞。“廷”是宫廷，有“广”字头的“庭”是“家庭”。家庭是管理几个或几十个家人的组织，它是广天之下的小单位，犹如细胞。宫廷是管理国家的大组织，担负着管理广大民生的任务。要管理得好，就必须家有家规、国有国法。管理家庭和管理国家虽有大小之分，但道理是一样的，这就是“修身、齐家、治国、平天下”。“家庭”规范了家庭成员间的血缘关系，而且将家人与国家、与他人、与整个社会之间，用法律、法规及公民道德紧密联系在一起，这样才能构成一个和谐社会。一个和谐的社会，才能使家庭幸福、国家强盛。

人挺立在土台上

tǐng

挺

小篆

挺

隶书

挺

楷书

对“挺”字的解读说法不一。有学者认为，甲骨文金文和小篆的“挺”字都是会意字。

最早的“挺”字写作“𡈼”。甲骨文的字形像人挺立在土台上的形状。金文使其线条化。小篆的字形承接甲骨文，使其整齐化。隶变后的楷书写作“𡈼”，读“tǐng”。字形与“壬”字相似，这个字读“rén”，所不同的是“壬”字中间一横较长一些。“𡈼”字的本义指“人挺立在土台上”。

“𡈼”字由本义引申泛指“挺立”。由于“𡈼”字作了偏旁，“挺立”之义便用“廷”字来表示。后来“廷”字又引申指“朝廷”等义，“挺立”之义就又以“廷”字为基础，再加义符“单人旁”写作“侹”来表示。后来“侹”字又引申指“平直而长”之义，如今则借用“挺”字来表示。这就是“挺”字由“𡈼”字发展为“挺”字的过程。

小篆的“挺”字就成了个左右结构的形声字兼会意字。左边的“手”字作形符，表示跟“手”有关。右边的“廷”字作声符，读“tíng”。

“手”字与“廷”字组合，指“用手拔”。因指的是用手拔，这跟“手”有关，所以古人用“手”字作“挺”字的形符。古人之所以用“廷”字作“挺”字的声符，因为“廷”字曾作过“挺”字的本字。

隶变后的楷书写作“挺”，其本义指“拔”，如拔剑而起，也作“挺剑而起”。

“挺”字由本义“拔”引申指“硬而直”，如挺拔、挺括、挺立、笔挺、直挺挺的。“挺”字由本义引申指“凸出、伸直”，如挺进、挺身而出、挺举、挺胸凸肚。由本义又假借指“竭力支持”，如：硬挺。还假借指“非常、十分、很”，如：挺好、挺快。“挺”字也作量词用，如：十挺机关枪。

“挺”和“挺身而出”

隋朝末年，皇帝隋炀帝倒行逆施，引发百姓揭竿而起，各地掀起起义浪潮。李渊出身贵族，而且又是隋炀帝的皇亲，时任太原留守，奉隋炀帝之命去镇压起义军。但眼见起义军越来越强大，他不得不考虑自己的后路。

李渊有四个儿子，二儿子李世民最有才华，又有胆识，他认清形势，劝父亲起兵反隋，自立为王。李渊听从了李世民的建议，带领军队攻下长安，以唐王和大丞相的身份，掌握了军政大权。

李渊在四个儿子的协助下，先后消灭了各支起义军和割据势力。此时，躲在扬州江都的隋炀帝被杀，李渊随即宣布登基，当了皇帝，建立了唐朝。

李渊刚当上皇帝，他的大儿子李建成、二儿子李世民、三儿子李元吉便争权夺利，互相残杀，发生了血腥恶斗的玄武门事变。

兄长李建成为谋杀李世民，派人暗杀、下毒，均未成功。李世民发觉后，便与心腹部下房玄龄等密谋，在玄武门埋下伏兵，以李渊的名义，召李建成和李元吉进宫。当弟兄二人应命进宫，到达玄武门时，李世民带领部下，将二人乱箭射死。这时，李建成和李元吉的两位部将率两千精兵包围玄武门，要捉拿李世民。在这危急时刻，守卫玄武门的将领敬君弘，显示出非凡的勇气和惊人的斗志，他大声呼叫，带领卫队，在箭矢乱飞的城门口奋起反击。有人劝他不必冒死抵抗，看看形势再说，要不，等待援兵到来再反击也不迟。但敬君弘毫不理会，他挺身而出，挥舞大刀冲入敌阵，左砍右杀，硬是将包围的军队赶出了玄武门，保护了李世民的安全。

玄武门事变后，李渊退位，当了个太上皇。李世民继位，他便是史上有名的唐太宗。

唐太宗对敬君弘大加赞赏。

《旧唐书》把《敬君弘传》列入“忠义传”，特别提到他“临危不惧，挺身而出”。后人将“挺身而出”当作成语流传下来，以此形容在危急时刻，自告奋勇、一马当先、视死如归的英勇气概。

行走没有阻挡——通

tōng

通

甲骨文

金 文

小 篆

通

隶 书

通

楷 书

甲骨文的“通”字，是个左下包围结构的形声字兼会意字。左边是个“彳”字，指半条街，也有行走的意思，作形符，表示跟行走有关。右半边是个“甬”字，读“yǒng”，作声符。这两个字形组合在一起，指“行走没有阻挡”。

古人为什么用“甬”字作“通”字的声符呢？一种说法是，“甬”字表示桶状物，有通达之义。也有人认为，“甬”字有喷涌而出的意思，也有通达无阻挡之义，所以“通”字用“甬”字作声符并会意。

金文的字形与甲骨文相似。小篆的字形由金文演变而来，但在形符上加了个“止”字，表示用脚走到之义，这样就成了个走之旁，隶变后的楷书就写作“通”字。

“通”字的本义指“穿得过去，没有阻挡”。

“通”字是个多音字。读作“tōng”表示“通行无阻”，如通达、通畅、通风、通过、通航、通行、通车、畅通、贯通、流通、直通等。

“通”字由本义引申指“清除阻塞，使不堵塞”，如疏通、通阴沟。由本义又引申指“传达、告诉”，如：通报、通告、通缉、通气、通知等。“通”字又引申指“互相交往联系”，如通敌、通商、串通、沟通、相通等。又假借指“普遍、一般”，如通病、通常、通俗。又假借指“全部、整个”，如通观、通盘、通篇、通史等。还假借指“懂得、明白”，如通晓、精通、博古通今等。

“通”字读作“tōng”时，作量词用。如乱说一通、三通鼓。

刘彻与"通彻"

刘彻是谁？刘彻就是中国历史上赫赫有名的汉武大帝。秦皇汉武，都是名垂青史的帝王，他们的传说和历史评价，不是三言两语说得清的。这里讲一个跟汉武帝有关的字词故事。

汉武帝是汉景帝的大儿子，生于公元前156年，取名刘彻。这是位有谋略又很强势的帝王。他在位五十四年，对长期骚扰中原的北方匈奴，发动了十多次进攻，终于将他们赶得远远的。当然，这与大将卫青和霍去病的英勇善战是分不开的。

在汉代，避讳的习俗非常盛行。为避汉高祖刘"邦"的"邦"字，就以"国"字代替，所以后世有"邦国"一词。为避刘邦儿子刘长的"长"字，便用"修"字代替，所以后来有了"修长"一词。为避汉文帝"刘恒"的"恒"字，就连跟他毫不相干的仙女"姮娥"，也要改成"嫦娥"。

刘彻的父亲是汉景帝，名叫刘启。为避讳"启"字，就用同义词"开"字代替，于是后世便有了双音词"开启"。

如今，刘彻贵为"汉武帝"了，该如何避讳这"彻"字呢？大臣们集思广益，绞尽脑汁，终于在汉字的汪洋大海里，找到一个"通"字来代替"彻"字。"通"有通行、畅通无阻之义，也有精通的意思，还有全部、通盘的意思。这是个字义广且又吉利的字。

再说"彻"字，这个字有通、透的意思，所以称为"透彻"。"彻"字也有"通彻"的意思，"彻"就是贯通、连接，"贯彻"就是彻底地实现或体现。除此之外，"彻"也意味着从头到脚，从上到下，指贯穿着上下，这就是成语"彻上彻下"和"彻头彻尾"，这里都体现了"贯通"和"通彻"。由此可见，"通"字与"彻"字，字义相通的地方很多，且读音相差很大，所以为避讳"彻"字，选用"通"字是最恰当的了。由此，在汉语词汇里，又多了个双音词"通彻"。

tóng
同

甲骨文

金文

小篆

隶书

同
楷书

众人齐喊　协同动作

甲骨文和小篆的“同”字，字形相似，都是由“冂”和“口”组成，这是个会意字，本义指一起、共同。

古代确实有个“冂”字，读“mǎo”，《说文解字》认为，这个字的意思表示“重复”。用在这儿，跟“口”字相结合，表示大家在一块儿干活时，用口齐声大喊，以协同动作。这种呼喊声是反复重复的，正如“嗨哟、嗨哟”一样，所以用“冂”来表示。

既是协同动作，就有一起、共同的意思，如同伙、同班、同盟、同舟共济、同归于尽、同甘共苦。

动作协调，就有相同、一样的意思，如同胞、同辈、同步、同感、同门、同名、同意、同等。

“同”，由本义引申为“和”、“跟”的意思，如我同你一起去，我同大家商量一下。

“同”，作为连词时，表示并列，与“和”相同。

“同”，作为方言用时，起介词的作用，表示替人做事，跟“给”相同，如你这些文物我一直同你保存着。

“同”，读“tòng”时，同音假借，指小街小巷为胡同。

“同”，读“tóng”时，作姓氏用。

瓦当欣赏

秦汉瓦当

何处去敛铜——同

社会上有这么一种人，他们好吃懒做，又贪图享乐，成天骗吃骗喝。别人的婚丧喜事，乃至大型会议的宴会，他们无不削尖脑袋，挤进去大吃大喝一顿，吃完抹抹嘴巴溜走。这种事，说文雅点，叫“打秋风”或“打抽风”，也称“蹭饭”或“吃白食”，说得不客气，就是骗子。

这种人，古代就有，他们专门撞酒席、蹭酒喝，被称为“撞席者”。

明朝洪武年间，苏州有个穷秀才，名叫罗文。他自穷困潦倒后，变得脸老皮厚，成了个人见人厌的撞席者。

这天，城里姓钟的大户人家娶亲，在松鹤楼大摆宴席，宾客有五百多人，少不了有几个撞席者，其中就有罗文。

罗文坐在客人中间，其中一位长者认识他，便随口吟出一首诗讥讽他：

单禾本是禾，添口也成和；
除却禾边口，添斗便成科。
谚曰，宁添一斗，莫添一口。

姓钟的主人过来敬酒，一见罗文，也非常生气，但不便发作，吟道：

单羊本是羊，添水也成洋；
除却水边羊，添易便成汤。
谚曰，宁吃喜欢汤，莫吃皱眉羊。

罗文听了，不动声色，接口道：

单同本是同，添金也是铜；
除却金边同，添重便成锺。
谚曰，见锺不打，何处敛铜。

这罗文毕竟是秀才，他吟的这首诗，有理有节，还不软不硬地回击了姓钟的主人。在这里，他所说的“钟”字，繁体字为“锺”，所以才能构成“添重便成锺”。

红彤彤的颜色

tóng
彤

金文

小篆

隶书

彤
楷书

古代的“彤”字是个左右结构的会意字。左边的“丹”字读“dān”，这是个指事字。甲骨文、金文、小篆和隶书的“丹”字，字形基本相同，像井中有一块丹砂，外边的框框是采丹时用的井架，里面的一短横表示丹砂。“丹”字的本义是丹砂，后引申为颜色。“丹砂”也就是我们熟知的“朱砂”，它是一种矿物名称。古代的红色颜料，就是用丹砂制成的。

我们解释了“丹”字，也便明白了“彤”字的含义了。“彤”字的右边三撇“彡”读“shān”，这个字表示涂抹出来的文彩。“丹”字表示红色，“彡”字表示涂抹出的文彩，两形合一，指用红颜色来涂抹器物。

“彤”字的本义指“用红颜色涂饰器物”，后来由这本义引申指“红色”。古代帝王将弓涂成红色，赐给有功的诸侯或大臣，使其掌握管理和征伐之事，这种弓称之为“彤弓”；红色的云霞称为“彤霞”；冬天下雪前的阴云称之为“彤云”。“彤云密布”、“红彤彤”中的“彤”字都是这层意思。

“彤”字也是一个姓。

盲人测字断丧情——肜

南宋年间，安徽新安县城有个人叫汪龙。他十八九岁时已取得秀才资格，正当他信心百倍，准备参加三年一次，在省城举行的乡试时，得了场急病，命虽保住，但双目失明，成了个瞎子。

万般无奈，他不得不以自己一技之长，走街串巷为人算命测字。搀着他走路的是他的侄儿汪小二，汪小二识字不多。每当求测字的人从布袋里摸出一个字或写出一个字时，他便读给汪龙听，不识的字便在他手心里依样写出来，或是将字的偏旁字形说给他听。

这天，有个小伙子急匆匆找上门来，求汪龙测字。这人姓李，他的叔叔李肜，在外经商两年多，一直没有信息，婶婶叫他以名字求测个“肜”字，看凶吉如何。因李肜身体单薄，家人担心他是否生病了。

汪龙得知此人来意和要测的“肜”字，沉思了好一会，说：“你要测的这个人，离这儿很远哪。唉，我说出来你可不要害怕啊，看来他已不在人世……”

姓李的小伙子听了，大吃一惊，忙问其中的缘故。汪龙停了好一会，叫小伙子摊开手心，他用手指一笔一画地写了个“肜”字说：“你要测的这‘肜’字，音读‘同’，形状却像‘彤’。”说着，又写了个“肜”字说：“这‘肜’字音同兵戎相见的戎（róng）。古书上说，‘肜’是指人死之后，在祭祀后的第二天重复再祭祀一次。如果你要测的这个人就在家里的话，哪有已经祭祀过了，再跑到我这儿问测的呢？所以我说这人在远处。”

小伙子听了，急着问：“现在情况怎样啊？”

汪龙又重写了个“肜”字说：“杉木从丹，又名红杉。丹者，红也，说明棺木已经涂上了红漆。按时间推算，大约在二十天之内，他的生意伙伴，将用船把他的遗体送回来。”

汪龙见来人沉默不语，便接着又说：“你没看到吗？‘肜’字左边上的‘丹’有‘舟’字形。右边的三撇像鼓起的风‘帆’，当然啰，你把它看作一阵阵风也未尝不可。”

一番话，说得求测的小伙子伤心地哭起来。

一种金属元素——铜

tóng

铜

金文

小篆

銅

隶书

铜

楷书

小篆的“铜”字是个左右结构的形声字兼会意字。左边的“金”字作形符，表示跟金钱或金属有关。右边的“同”字读“tóng”，作声符并会意。

“金”字与“同”字组合，指一种金属元素“铜”。

因指的是金属，所以古人用“金”字作“铜”字的形符。

古人为什么用“同”字作“铜”字的声符呢？

古代的“同”字，是个会意字。字形像众人齐声呼喊，共同抬一个井盘放到井口上。本义指“合众人之力，共同举起”。由此引申指“相同、同化”等义。因“同”有彼此一致，相互能同化共为一体之义，而铜这种金属性柔软，容易和别的金属相合成为合金，所以古人用“同”字作“铜”字的声符并会意。

古人制作了不少精美的青铜器，当时的冶炼技术已十分高超。相信先民们有这个智慧认识到这一科学原理，这才在“铜”字上展现出来。

楷书的“铜”字由小篆演变而来，写作“铜”。“铜”字的本义指“一种金属元素铜”，如：铜钱、铜像、铜壶、铜匠、铜盆、铜盘、铜锈、青铜、紫铜、青铜器、红铜、古铜、铜板、铜佛、铜矿、铜墙铁壁、破铜烂铁等词语中的“铜”字。

“铜光”和“同光”

在古代，还没出现用玻璃制作的镜子，那时用来照脸的镜子是用铜制作的，一般是圆形，照脸的一面磨得很光亮，另一面铸造有花纹，这就是铜镜。因为铜镜是日常生活用品，所以有许多人从事磨铜镜这一行业，就像如今还有人磨剪刀一样。

这里讲个跟铜镜相关的谐音故事。

中国历史上，在唐朝灭亡后，便是五代十国时期，中原地区相继出现了五个朝代，其中有个后唐，君主是西北方的沙陀族人，名叫李存勖（xù），称庄宗，年号为“同光”。

庄宗当了皇帝，以为天下太平了，万事大吉了，所以他平日只干两件事：打猎和演戏。他在皇宫里养了许多猎狗和演员。这些猎狗凶猛无比，常常咬人。他对待猎狗远比对待演员好。

庄宗在位期间，他猜忌部下，乱杀功臣。所以人人都恨他，他就变得更加残暴。

宫廷有位著名演员名叫敬新磨，这天被庄宗的猎狗咬住不放。敬新磨生怕被猎狗咬死，便奋力抵抗，他一脚将猎狗踢倒在地。沙陀族人世代以狗为崇拜物，他见敬新磨竟敢踢伤他的爱犬，不由大怒，拔出剑来追杀敬新磨。敬新磨绕着宫殿的柱子一边奔逃，一边大叫：“陛下不能杀我！不能杀我！我跟陛下是同为一体，杀我不祥！杀我不祥！”

这话倒起了作用。庄宗握着宝剑，追问道：“是何道理？快说！说得明白，饶你一命！”

敬新磨答道：“陛下国号为‘同光’，我这镜（敬）是铜（同）做的。陛下若杀了我这新磨的镜（敬），那就是铜（同）光也不存在了啊。”

敬新磨在生死关头，想到“敬”“镜”同音，“铜”“同”同音，竟救了自己一命。

庄宗在位四年，后被乱军射杀，“同光”同时熄灭。此事并非虚构，史书有详细记载。

tóng

童

甲骨文

金 文

小 篆

童

隶 书

童

楷 书

头顶重物的奴隶——童

“童”是一个会意字，是一个直立着的人，上身被刑具捆绑着。

到了金文中，“童”的字形变得很复杂，上边是刀，中间是眼睛，像用刀刺瞎人的眼睛。基本意思仍旧表示一个被刑具束缚着的人的样子。我们由此可猜测：在古代，只有奴隶被捆绑着时还要劳动，所以“童”的本义指“负载着重物的奴隶”。

在小篆中，“童”的字形开始有所简化，但仍旧能够看出一个人头顶着东西的样子，这个时候的“童”已经有点接近于现在的“童”字的字形了。

也有人认为，“童”字在古代是秃的意思。因为古代的儿童头顶上不留头发，所以由此引申出秃的意思，后来“童”就用来指“儿童”了。

“童”字在现代汉语中指“儿童、小孩子”，如童年、顽童、童言无忌等。童谣、童话都是儿童所喜欢唱的、看的。

“童”也可以指“未成年的”，如童工、童男、童女。

“童”也指“光秃秃的”，如童山秃岭、头童齿豁。

明 王铎

宋 米芾

是个小朋友——童

斯老师是全国特级教师，是教小学低年级语文的。她从教五十年，桃李满天下，有许多学生成了大作家、大企业家，还有许多称成为了优秀教师。大家谈起斯老师，都有敬仰之情，都能回忆起那一堂堂生动有趣的语文课。

上斯老师的语文课，不仅能听故事、唱儿歌，还能做游戏、猜谜语，那真是丰富多彩，生动活泼。

一个星期五的下午，上完课，孩子们放学该回家了，可大家还是赖在教室里不肯走，因为斯老师说过，明天是“六一”儿童节，她要送给大家一个礼物。

斯老师走进教室，站在黑板前，亲切地说：“明天是‘六一’儿童节，我送给大家一首儿歌。这首儿歌也是一个字，谁能猜出来，而且能记住它，这就是我送给你们的礼物。”

小朋友们很感兴趣，一个个拿出小本儿，准备记下斯老师的话。斯老师一字一句地念：

六一在上头，田字跟在后。
脚下踩着土，是个小朋友。

小朋友们听了，交头接耳，相互探讨。斯老师说：“小朋友们，大家不要急，带回家，跟爸爸妈妈一起猜。”

孩子们依依不舍地回家了，一路上，背着儿歌，还在猜这个字。这是斯老师创作的一首字谜儿歌。

六一在上头，是“童”字上面的“立”字，拆开是“六”和“一”。当中是个“田”字。下面是个“土”字。一个“童”字，拆成“六”“一”“田”“土”四个字。在“六一”前夕让孩子记住“童”字，当然终身难忘了。

tǒng

统

丝的头绪——统

古代的“统”字，是个左右结构的形声字兼会意字。左边的绞丝旁是形符，表示跟丝有关，右边的“充”字作声符，读“chōng”。这两个字形组合在一起，指“丝的头绪”。

绞丝旁指一小束丝，而“统”又是指把全部细线系在一起，所以用绞丝旁作形符。

古人为什么用“充”字作“统”字的声符呢？因为“充”有“充实”和“满满实实”的意思，而丝的头绪绞合在一起，比单丝满实，所以“统”字用“充”字作声符并会意。

“统”字的楷书字形由小篆演变而来，左边的绞丝旁简化后写作“统”。

“统”字的本义为“丝的头绪”。

“丝”从何而来？有句话叫“剥茧抽丝”。丝是从蚕茧上抽下来的，要将丝从茧上抽下来，非得将茧放在热水中煮过以后，用人工先抽取丝头，然后一根丝就陆续抽出来了。因此，“统”字由本义引申指“总管、首领”，如：统率、统帅、总统、统辖、统治、统制。

一根丝，抽取了丝头，下面就源源不断，直到抽完为止，这就有一脉相承的意思，如系统、传统、道统、血统、学统、正统、不成体统。

“丝”字由“总管、统帅”又引申指“总括、总起来、全部”的意思，如：统舱、统称、统筹、统共、统购、统计、统括、统一、统战、笼统、通统、统统、统筹、统一战线等。

“统”字也作姓氏用。

統
小篆

統
隶书

统
楷书

“宣统”年号不吉利

历代统治阶层，特别是皇帝本人，对自己登基时所用的年号，是非常重视的。身边的文武百官都要为此献计献策，社会名流学者也参与其事，为当今皇上拟定一个吉利的年号，以保长治久安，稳坐江山。

清朝到了末年，已是风雨飘摇，维持不了多久了。自维新运动失败后，光绪皇帝遭到慈禧太后囚禁，大批革命志士被杀，有的逃亡海外。这里有错综复杂的宫廷秘史，自有史家去梳理。我们单说被皇室匆匆推上皇帝宝座的三岁孩子溥仪跟“宣统”年号的一点关联。

溥仪是光绪皇帝弟弟的儿子，他成了清王朝第十代皇帝。次年的公元1909年，他登基后改元为“宣统”。在拟定“宣统”年号时，宫廷内外，演出了不少闹剧，引发了不少笑话。

据说有人提议以“大德”为年号，遭到众人反对。因为“德”字左边为双人旁，虽其父载沣是摄政王，有扶持小皇帝之义，但右边可分拆为“十、四、心”三个字。统治天下要万众一心，十四条心怎么可以呢？此议被否定。

有人提议用“天正”为年号。“天”字可拆为“二人”，表示小皇帝父子，但“正”字拆开是“一”和“止”，“一而止”，预示命短寿浅，何望江山万代？此议也被否决。

争来争去，最后拟定以“宣统”为年号。

宣统三年，即公元1911年3月29日，由孙中山和黄兴领导的广州起义爆发。接着革命浪潮风起云涌，1912年1月1日，孙中山在南京宣誓就任中华民国临时政府大总统，从此，延续了两千多年的封建制度被推翻了。六岁的宣统皇帝退位了，他在位三年，是清代的末代皇帝。

有些迷信字谶、讲究运道的人谈起“宣统”年号时，都说这“统”字极不吉利。何以见得？因“统”字右边的“充”字与“色”字相似，如此一来，这“统”字就跟“绝”字联系上了。“统”字与“绝”字混淆不清，大清江山还有希望吗？难怪三年不到就灭亡了啊。

当时说这种话的人，也许是一本正经，振振有词。如今看来，只能算是笑话段子，戏说汉字罢了。

用木制成的量器——桶

tǒng
桶

小篆的“桶”字是个左右结构的形声字兼会意字。左边的“木”字作形符，表示跟树木或木料有关。“桶”字右边的“甬”字读“yǒng”，作声符并会意。

“桶”的本义，指“一种用木料制成的量器”因是指木料制作的量器，这跟“木料”有关，所以古人用“木”字作“桶”字的形符。

古人为什么用“甬”字作“桶”字的声符呢?

古代的“甬”字是个象形字。有人认为这是古代一种乐钟，是作演奏乐曲用的，许多乐钟按单色排成一行，可用棒敲击后发出悦耳乐声。“甬”字还用来指“花草茂盛”。“桶”字作为量器，有容量大的意思，这跟“甬”字的茂盛、壮大是相通的，所以古人用“甬”字作“桶”字的声符并会意。

楷书的字形由小篆演变而来，写作“桶”。

“桶”字的本义指“一种木料制作的量器”，如斗、巴斗之类。后引申泛指“圆柱形的容器”，用木头、铁皮、塑料等制成，多为圆筒形，有的有提把子，如水桶、汽油桶、便桶、吊桶、饭桶、铁桶、喷桶、啤酒桶等。“桶”字由本义引申指“像桶形的”，如皮桶子。“桶装”指用桶灌装的。“桶”字也是石油容量单位，1桶为42加仑，7.3桶合1吨。

小篆

桶
隶书

桶
楷书

解缙妙解哑谜对——桶

明朝大臣解缙，江西吉水人，洪武年中进士，授中书庶吉士，随侍明太祖朱元璋左右。处理公务之暇，君臣之间也会闲聊几句。一天，朱元璋问起解缙家乡的风土人情。解缙口无遮拦，吹嘘自己家乡人杰地灵，向有“一门三进士，五里一状元”之称。无论樵夫、农夫还是卖菜的贩夫，人人都会吟诗作对……

朱元璋听了，心中大喜，正色道：“若果真如此，朕传旨礼部，今后江西乡试，可为吉水增加举人名额，以防漏选人才，只怕你言过其实。”

解缙信誓旦旦，说确实如此，不敢欺骗皇上。朱元璋本就喜欢吟诗作对，这下来了兴趣，便当即决定，与解缙一同到吉水查访。

君臣二人扮成经销木材的商人，来到江西吉水太平山下。一进山口，见一樵夫挑柴下山。朱元璋上前施礼，指着山顶宝塔说：“听说贵地人人善作诗文。我以此塔作一上联，你对下联如何？”

樵夫莫明其妙，盯着他看。朱元璋吟道：

石塔巍巍，六面四方八角。

樵夫不知他说什么，伸出手掌摇了摇便转身走了。朱元璋很失望，问解缙：“他是哑巴？”解缙道：“哑巴倒未必，他在作哑谜对啊。”朱元璋很惊奇：“他是用哑谜对我下联？”解缙道：“敝乡乡民，自视清高，偶遇外乡人出句，以为是有意考验，便用哑谜回应。”

朱元璋问：“伸出巴掌摇摇是何意思？”解缙答道：“这是‘玉掌平平，五指三长二短’，正好对你的‘石塔巍巍，六面四方八角。’”

朱元璋一听，抚掌大笑。

疾病受伤引起疼痛

tòng

痛

古代的“痛”字，是个左上包围结构的形声字兼会意字。左上方的病字旁是形符，表示跟疾病有关。右下方的“甬”字是声符，读“yǒng”。这两个字形组合在一起，指人在受伤或生病时引起的疼痛的感觉。

疼痛是由疾病引起的，疼痛也是一种病，所以“痛”字以病字旁作形符。

古人为什么用“甬”字作“痛”字的声符呢？因为“甬”字是“通”字简省的写法。“通”字有普通、通常和相通的意思，而人的痛感都是相通的，所以“痛”字以“甬”字作声符并会意。

“痛”字的本义指“疼的感觉”。如：深切地感觉到或指疼的感觉称“痛感”；疼痛的地方或指心中隐痛称“痛处”；因生病引起的痛苦或所患的疾病也称“病痛”；疾病创伤等引起的难受的感觉称“疼痛”；内心深处不愿向人诉说的痛苦或隐隐约约的疼痛称“隐痛”。阵痛、头痛、牙痛、压痛、镇痛、止痛、肿痛、切肤之痛等都是疼得难受的意思。

“痛”字由本义引申指“苦恼、悲伤”。如悲痛、苦楚称“痛楚”；沉痛地惋惜称“痛惜”；悲伤、悲痛称“哀痛”；悲惨、痛苦称“惨痛”。沉痛、苦痛、痛心、痛心疾首、不痛不痒、亲痛仇快等词中的“痛”都是“苦恼、悲伤”的意思。

“痛”字假借指“极其、狠狠地、彻底地、尽情地”。如狠狠地斥责为“痛斥”；狠狠地打击称“痛击”；极端憎恨称“痛恨”；深切地后悔称“痛悔”。痛打、痛哭、痛骂、痛切、痛恶、痛责、痛改前非、深恶痛绝、迎头痛击等词中的“痛”都有“极其、狠狠的”的意思。

“痛”字又假借指爽快，如痛快、痛饮。

痛 小篆

痛 隶书

痛 楷书

通则不痛

南京夫子庙大石坝街上，有家茶叶店，老板徐文才是个交友广众的人，平日应酬多，饭局多，如今体态变胖，各种毛病接踵而至了。徐老板近日脚患痛风，走起路来钻心地疼。吃罢晚饭，他强忍着疼痛，到测字大师胡铁嘴家跟他聊聊，看吃什么药好。胡铁嘴不仅测字在行，中医也蛮精通哩。

徐文才跟胡铁嘴交情极深，到他家刚坐下，就摸着脚，说脚趾痛得只差喊救命了。

胡铁嘴指指饭桌上的稀饭萝卜干说："我是吃素的命，荤腥偶尔尝尝，我就不晓得什么叫脚痛。你这痛风的毛病，是血脉不畅引起的。手指、脚趾、膝关节、肘关节疼痛肿胀，如不治好，还要变形哪！"

徐文才苦巴巴地问："有什么办法呀？"

胡铁嘴斩钉截铁地说："打通血脉。血脉通，则不痛；血脉堵，则不通，不通则痛。'痛'与'通'同音，老祖宗是说着玩儿的吗？"说罢，他把徐文才当成了求测字的，提笔写了"痛"字说："你看这'痛'字，外面是病字头，里面是'甬'字。这'甬'字是兵俑的'俑'字简省写法。'病'字里面是'丙'字，病从'丙'，义为人生病是因体内水火不调，成灾生病。'俑'字呢？是拿一个兵俑来作比喻。一个年轻力壮的兵俑都躺在病床上了，可见病得不轻，疼痛得很厉害，这就是'痛'字。"

徐文才皱着眉头道："你说的这兵俑，跟'痛'字关系不大啊。"

胡铁嘴惊叫道："怎能说关系不大呢？我不是说了吗，'痛'音同'通'，通则不痛。一个人若气血活络，犹如兵俑过甬道，过得去为'通'，通就是通畅、畅通。通畅就畅快了，畅快了还有什么可痛的？所以'痛'是因为不通，通了，就不痛。你饮食上清淡些，鱼肉少吃些，血液干净些，不要粘乎乎的，血脉畅通了，你脚趾就不痛了……"

徐文才听罢，笑道："我是来问病的，你倒给我测字了。"

胡铁嘴满有理地说："我习惯了，以字说事，以字说话，否则，我无话可说。"

暗中拿走别人财物为偷

tōu

偷

金文

小篆

隶书

楷书

小篆的“偷”字，是个左右结构的形声字，左边的“女”字作形符。右边的“俞”（yú）为声符。汉代以后，字形变为“偷”。“人”为形符，表示与人有关，“俞”为声符。这是个形声兼会意字。

“俞”字在金文和小篆中是个会意字，表示用尖物——刀之类的工具将一块整的木头挖成小船，也就是舟。旁边的“人”字表示人坐在这小船里，风平浪静，很平安。本义指苟且，有得过且过、苟且偷安的意思，如：偷安、偷懒、偷生。

也有人认为，这“俞”字既表示读音，又表示“挖木而成的舟”，这“舟”有“相济”的意思。小偷窃取他人的财物以济己，故“偷”从“俞”声并会意。从这个意义讲，“偷”的本义指“暗中拿走别人的东西据为己有”，如偷盗、偷窃、小偷、惯偷。

以上两种说法，都与今日“偷”字的字意相符，我们常常用到这些词。

“偷”，由本义引申指“瞒着人做”，如偷渡、偷换、偷看、偷情、偷税、偷袭、偷运、偷工减料、偷梁换柱、偷天换日。

“偷”，由本义假借指“抽出（时间）”，如偷空、偷闲。

刑警队长说“偷”字

河南有个繁华小镇，有一天发生了一件盗窃大案。设在镇上的省电器公司仓库被盗，二十台手提电脑不翼而飞。案情重大，县刑警队张队长立即带领刑侦人员赶往现场。

电器公司仓库围墙高，且有电网，盗贼无法翻墙进去。后来发现墙角冬青树丛中有个洞，这洞连着一条地道，通往墙外一座民房。这民房里堆着手提电脑，两个盗贼尚未来得及逃跑，被当场抓获。张队长立即对他们审讯，记录员小陶飞快地记下每一句对话。

这两个人来自广西，在电器公司仓库当搬运工。他们两人都有过前科，一个精于开锁，一个善于谋划。他们想大捞一笔，就在与仓库一墙之隔的一户人家租了个房间，然后买来铲刀、指南针、对讲机、电筒等作案工具，每天晚上挖洞不止。他们白天外出，把挖出来的泥土，装在口袋里、提包里撒出去。挖洞时，一个卧着身子，用刀铲拼命地挖，一个站在外面，盯着目标，对着指南针，跟同伙小声联系核对方向。他俩历时一个月，终于把洞打通了……

押走两名犯罪嫌疑人，读罢审讯记录，张队长不由哈哈大笑：“真是无巧不成书。这件案子，不是活脱脱的一个‘偷’字么？”

小陶疑惑不解，只听张队长解释道：“你看，他们两个人，一个卧，一个站，这就是‘偷’字旁边的单人旁和那上面扁扁的‘人’字。这‘人’下面，有个立刀旁，还有‘一’和‘月’字，不正是两人一站一卧，用刀干了一个月么？这就是‘偷’字呀！”

小陶听了，恍然大悟，说：“可不是，编个字谜倒很有趣呢。”

张队长说：“我已编好了，听着，‘一人卧着一人站，背后藏刀把人瞒，整整干了一个月，坏事就怕人看见’。”

人的脑袋——头

tóu

头

金文

小篆

頭

隶书

头

楷书

古代的“頭”字，是个左右结构的形声字兼会意字。右边的“页”字是形符，表示跟人的脑袋有关，左边的“豆”字是声符，读“dòu”。这两个字形组合在一起，指“人的脑袋”。

古人为什么用“豆”字作“頭”字的声符呢？因为“豆”字为古代的祭器，上部的形状跟人的头相似，所以“頭”字以“豆”字为声符并会意。

有人认为，甲骨文的“头”字写作“頁”，这是个象形字，像一个突出了头部的人形。上为头和头发，下为人身。金文线条化，篆文整齐化，隶变后楷书写作“頁”，后简化为“页”。这“页”字本义为头，是最早的“头”字，读“xié”。“头”字与“首”字是同一个意思，“首”字也就是“头”的意思。“杀头之罪”“斩首示众”中的“首”都作“頭”字讲。后来这“页”字作量词用，表示一页书，“头”的意思便另加声符“豆”字，写作“頭”，后简化为“头”。

“头”字的本义指“脑袋”，如头发、头昏、头颈、头脑、头像、低头、点头、额头、光头、叩头、人头、梳头、剃头、摇头等。

“头”字由本义假借指“事物的起点或尖顶”，如笔头、船头、床头、箭头、矛头。又引申指“在前面的、开初的”，如头等、头条、头号。

“头”字又假借指“首领”，如头目、头头、头子、头人、工头、头领。

“头”字还假借指“物品的残余部分”，如布头、零头。“头”字又假借指名词、方位词的后缀，如棒头、骨头、后头、苗头、下头。

“头”字也作量词用，多用于牛、驴、骡、羊、蒜，如一头蒜、一头羊、两头牛、三头驴。

“头”字也作姓氏用。

有威信的小头头

这天，梁溪谜语研究会的同仁聚会，小陶将收集到的几个字谜拿出来点评，准备选一些推荐给晚报文娱版。

“实是犯了断首罪”，谜底是“头”字。大家觉得虽有创意，但语言粗暴，意境欠佳。

“大点点”、“一点一点大起来”、“只有点点大，第一总是他”，这几个谜面，也是把重点放在“头”字左上角两点上。会长马汉文听了，不由感叹起来，他说这几个谜面，不仅形似，字义也到位。“第一总是他”，突出了“头”字“头领、头头”的内涵。

小陶说：“那你再讲段你当头头的经历吧，让我们也领会一下‘头’字的真谛啊。”

老马也不推辞，讲起了童年的一段往事。

马汉文的童年是在苏北阜宁县杨集乡度过的。村里有六七个跟他同年的小伙伴，他成了他们的小头头。这些孩子都没上学，一早起来就去拾粪。马汉文已上小学了，每天上学路上，他就帮小伙伴们找狗屎牛粪，找到一堆，如获至宝，就去告诉小伙伴。每天放学后，他迫不及待地把小伙伴召集到小树林里，讲老师教过的字，讲自己从书上看到的故事。

杨集有座大木桥，桥东是杨集镇，镇上的孩子欺负村上的孩子。马汉文就领着小伙伴去“报仇”，经过一场混战，他虽然手被抓破，属光荣负伤，但还是把镇上的孩子打败了，从此他们上街就不用担惊受怕了。

当头头，不光打架要身先士卒，冲锋在前，有了好吃的，也要想到部下。马汉文父亲从苏南带回的糖果糕点，他都是大把大把地装进口袋里，然后带给小伙伴们，每人一份，从不漏掉一个人。

当马汉文家准备迁往江南时，他把自己所有的书和玩具及钢笔、小本儿，都分成几份，留给了依依不舍的小伙伴们。

马汉文曾问过自己：为什么会这样做呢？答案只有一个：我是他们的小头头。

一个“头”字，怎生了得。这里包含了多少重任和情谊，包含了多少人生哲理和社会现实啊。

用手投掷兵器

tóu

投

甲骨文的“投”字写作“殳”，读“shú”。这是个会意字，字形像手持一把圆头兵器有所捶击的样子，表示“投掷”的意思。金文的字形与甲骨文大致相同。小篆使其整齐化，隶变后的楷书写作“殳”。

“殳”字的本义为“投掷”，这就是最早的“投”字。后来“殳”字作了偏旁，投掷的意思便另加义符提手旁“扌”，写作“投”来表示。这个“投”字便成了个左右结构的形声字兼会意字，读“tóu”。左边的提手旁是形符，表示跟手的动作有关，右边的“殳”字是声符，读“shū”。这两个字形组合在一起，指“手掷兵器”。

因为“殳”字本身就有投掷的意思，所以“投”字用“殳”字作声符并会意。

“投”字的本义指“抛、掷”，如空投炸弹或手投炸弹为“投弹”；投掷标枪称“投枪”。投篮、投手、空投、投桃报李等词中的“投”都是投掷的意思。

“投”字由本义假借指“走向、找上去”，如投标、投奔、投放、投考、投身、投宿、投胎、投向。

“投”字由“找上去”引申指“放进去、跳入”，如投河、投井、投入、投资。由本义又引申指“投射”，如投影仪。

“投”字又假借指“前往依靠”，如投诚、投敌、投军、投亲、投师、投降、走投无路。由此又引申指“相合、迎合”，如投合、投机、投缘、相投、投其所好、臭味相投。

“投”字还假借指“递送、寄”，如投递员、投稿、投送。

小篆

投
隶书

投
楷书

各抒己见说成语——投

无锡东门中学的杨老师，课堂上讲解完关键字“投”字，要求同学们寻找以“投”字组词的成语，讲自己对这个成语的理解与感受。

牛皮•唐第一个上台，他讲的是“走投无路”——

我很喜欢中国成语。成语很伟大，但有的成语我还不理解。昨天晚上，我跟爸爸开车回家。市中心太堵，我爸爸就换了一条路，哪晓得，他摸不准方向，开进了一条死胡同。后面有车子跟进来，前面又没路，这下我们走投无路啦。按成语词典上说，“投”字在这儿指“投奔”，可我们是回家，用不着投奔谁呀。你们能给我一个合理解释吗?

金一鸣走上讲台说：“这个解释很简单，你回家也是投奔呀，你投进妈妈怀抱嘛。我今天讲‘投其所好’。”

我上小学时，家在南长街一个大院子里。我家在二楼，楼下黄伯伯喜欢钓鱼。他把钓到的鱼放在一只大水缸里，这水缸正巧在我家阳台下。趁中午休息时，我用大头针做了个鱼钩，装上饭粒，用长线放到鱼缸里，想钓黄伯伯家的鱼，但钓了几次没钓到。有一天，我终于钓到了一个塑料袋，拎上来一看，小塑料袋里有条小金鱼。我正高兴，被我爸爸发现了，他揪着我耳朵，要我向黄伯伯道歉。这时黄伯伯在楼下大声说：“孩子喜欢，我是投其所好呀！”你听，这个“投其所好”，多么美好！可成语词典解释说，这“投”字表示迎合别人，含有贬义。照这么说，黄伯伯做错啰，他错在哪儿?

刘坤培走上讲台，不客气地批评金一鸣：“你是小偷，偷人家鱼，再投你所好，不是害你吗? 我今天讲‘投鼠忌器’。我有个表哥，小时候跟金一鸣一样，调皮捣蛋，歪点子多，小学里就有小偷小摸现象。家里人知道了，都不敢说，怕得罪外婆，又怕外公听了会发心脏病。我那表哥越变胆越大，后来加入盗窃团伙被判刑。我爸妈说，当初就是因为投鼠忌器，才害了表哥，可见投鼠忌器不是个好办法……”

金一鸣马上回击：“谁也没说这是好办法啊。”

由此，同学们纷纷加入了争论。杨老师呢，笑眯眯地听着，一声不吭。

tòu

透

向上跃出——透

小篆的“透”字是个左右结构的形声字兼会意字。左边的“辵”字，这个字读“chuò”，从“行”从“止”，表示用脚在大街上行走之义。隶变后的楷书写作“辵”，作偏旁时写作“走之旁”，本义指“走路”。在“透”字中表示跟行走有关。

小篆的“透”字右边为“秀”字，读“xiù”，作声符并会意。

“透”字本义指的是向上跃出，而要得向上跃出就必须先要行走才行，行走后才能加紧速度跳出，所以古人用“辵”字作“透”字的形符。

古人为什么用“秀”字作“透”字的声符呢？

“秀”字有“优秀、突出”之义，只有才能出众，才能称为优秀。而“透”为向上跃出，正如优秀者超众人一样。所以古人用“秀”字作“透”字的声符。

楷书的字形由小篆演变而来，写作“透”。

“透”字的本义指“跳跃”。

“透”字由本义假借指“穿过、通过”。如：能透过光线的称“透明”；空气可以通过或指呼吸新鲜空气称“透气”；风可通过或透露风气称“透风”。还有透亮、透镜、渗透、通透、透视、透射等词。

“透”字由上义引申指“显露、泄露”，如：透露、透底、透消息、透个信儿、黑里透红。又假借指“极、很、达到充分的程度”。如：达到极端程度称“透顶”；恨到极点称“恨透”；在液体里湿透了称“浸透”。

由上义又引申指“彻底、清楚”。如：详细而深入称“透彻”；理解透彻，捉摸透了称“吃透”；看到表面现象的背后称“看透”；深刻而透彻称“深透”；煮得很熟，或相互之间很了解称“熟透”。

小篆

透

隶书

透

楷书

体力“透”支，危害健康

西水关附近有个透析中心，患尿毒症的病人换完血，常到茶馆聚会，谈谈各自的病情，相互鼓励、相互安慰。这次有位治疗尿毒症的专家来此讲有关透析的护理知识。

老专家想把话题尽量说得轻松活泼些，他从“透”字的家形讲起，讲到水的渗透、光的透视，再讲到医学上的透析……大家听得津津有味。

老专家话音刚落，一位中年女士站起来说：“我能不能借这个机会，跟大家说几句？”

众人以掌声表态，欢迎她发言，现场气氛一下子活跃起来。茶馆里女客极少，但逢到有讲座就多了起来。请求发言的是茶馆对门高业房产中介公司的业务员曾姐。曾姐高条个儿，白净净的脸，天生的美人胚子。她热情活泼，处处为客户着想，因此深受客户信任，三两天就能做成一单交易，月收入有数万之多。

这一年多来，楼市升温，二手房交易火爆，曾姐更是忙碌不堪。客户不断，电话不停，她从早忙到晚，一日三餐都顾不上……曾姐终于累倒了。她胃部溃疡、神经衰弱、血压偏低、脸色苍白……最后不得不住院治疗。医生的结论是：体力透支，损害了健康。

曾姐语重心长地对大家说：“今儿听说有专家来讲课，我特地赶来听听。老专家讲到‘透’字，对我很有启发。有些名词我听不懂，但说到‘透支’这个词，我再熟悉不过了。我为了多挣钱，不顾身体健康。一年前，我脸色红润，头发乌亮，身体健壮，跟未出嫁的姑娘比不相上下。但一年来我体力透支，拿健康换钱，身体状况越来越糟，满头秀发变得干枯发黄，健壮的身体变得弱不经风，像芦柴棒一样。我想起语文老师讲‘透’字时说，无论什么事，都不能过度消耗，超过所能承受的透支，就会把优秀的东西悄悄运走。我们在使用‘透’字时，眼睛不能光盯着‘秀’字，还要注意左边那会移动的走之旁……”

曾女士的发言，引起了大家的深思。

没有头发的秃子

tū

秃

金文

小篆

隶书

楷书

小篆的“秃”字是“秀”字的异体字。这两个字的外形相似，上面是“禾”字，表示谷物的禾穗。下面的字形像个“人”字，表示禾穗下垂，在风中左右摇摆。这是个象形字。到了隶书中变为“秃”字。

据说古人对“秃”字有个有趣的解释。说的是远古时代创造汉字的仓颉出门时，看到一个没有头发的人埋伏在禾穗中，所以就造了个“秃”字。这只能算是传说，不可当真。

“秃”字的本义有两种说法。

一种说法是指“谷物抽穗扬花”。这与“秀”字的本义相同，所以把“秃”字看作是“秀”字的异体字。

另一种说法认为，“秃”字的本义是“头上没有头发”。没有头发的人称为秃子，如：秃头、斑秃。

由头上无毛，引申为其他许多意思。山上没有草木，称为荒山秃岭；鸟兽的头、尾无毛，称为秃鹫、秃尾巴；树木没有树枝或顶梢称为秃树；物体磨去尖端，因为不尖锐而称为秃笔或针尖秃了；写文章首尾不全称为秃头文章。

香头插在几案上——秃

元代有位剧作家，名叫王实甫。他根据唐代的传奇小说《莺莺传》，创作了杂剧《西厢记》。说的是相国小姐崔莺莺，跟母亲和丫环红娘，住在普济寺。这天，莺莺巧遇到此访友的书生张生，两人一见倾心，相互爱慕，但遭到莺莺母亲的极力反对。后来在丫环红娘的帮助下，张生和崔莺莺共同努力，战胜了重重阻挠，有情人终成眷属。

有人根据这个剧的剧情，用诗歌的形式，制作了一个十分有趣的字谜，谜面是这样的：

莺莺小姐去上香，香头插在几案上。
远看好似张秀才，近看却是一和尚。

按照字面分析，第一句是讲故事的开头。在这里，重点突出了“去上香”的“香”字，因为这“香”字中含有“禾”字。

第二句“香头插在几案上”。“香头”指的是“香”字的头，就是“禾”字。“几案”，指的是“几”字。“禾”和“几”两者结合，就是个“秃”字。

第三句“远看好似张秀才”，与剧中张秀才相联系，又突出了“秀”字与“秃”字形状相似，还点出了“秃”字曾是“秀”字的异体字这层关系。

最后一句“近看却是一和尚”，更是诙谐风趣，直接点明了谜底是“秃”字。因为这故事发生在普济寺，寺里住的都是光头和尚。

这个字谜，情节丰富，读了令人捧腹，不失为一则佳谜。

瓦当欣赏

秦汉瓦当

狗从洞里突然钻出来

tū
突

甲骨文

金 文

小 篆

突
隶 书

突
楷 书

甲骨文和小篆中的“突”字是一个会意字，它由两部分组成。上面的“穴”字表示洞，下面的“犬”字表示一条狗从洞里蹿出来，这就叫做“突”。所以“突”的本义是急速往外冲。

在现代汉语里，“突”也有急匆匆的意思，如：突破、突击、突围。由于奔跑时的速度极快，所以“突”也可引申为极短时间内发生的事或出现的人，有“突然”的意思，如：突飞猛进、突如其来、突变等。

“突”，有鼓起，高于四周的意思，如：突起、突出、突兀。

“突”还可以表示古代灶旁突起的出烟火口，相当于现在的烟囱，如：灶突、曲突徙薪。

唐・颜真卿

宋・米芾《三希堂法帖》

《草书韵会》

猜字谜的悲剧——突

古人造字，用心良苦，特别是会意字，简直就是一段小故事。几千年前先民创造的这个“突”字，没料想给后世的王校长带来了灾难。

“十年动乱”期间，江苏阜宁县公兴小学的王校长，在田头劳动休息时，见一条狗从土墙洞里钻出来，便笑着问：“大家伙看哪，狗从洞里钻出来，是个什么字呀？”

众人猜不出，王校长说：“是个突字。”大家哈哈一笑，没放心上。可有个二流子听了，就向上头汇报，说王校长恶毒攻击“突出政治”，攻击“文化大革命”。为此，王校长被打成“现行反革命”。他不堪凌辱，身绑石板，沉入马家荡，时年三十八岁。

tú

图

金文

小篆

隶书

楷书

有四疆的国家版图

金文和小篆的“图”字，字形相似。这是个形声兼会意字，以“囗”作形符，“啚”作声符。“囗”像国家领土的四疆，当中的“啚”是“鄙”的本字，读“bǐ”，表示粗俗低下。在书面语中，它表示边远的地方，如“边鄙”。

“啚”字外加个框，意为有都城、有四疆的版图，本义为“版图、地图”。

地图是地理图形，所以“图”也泛指“描绘或印出来的形象”，如：图片、图纸、设计图、图画、图表、图书。

图画是画出来的，这就要有个思考、构思的过程，所以“图”字又引申为“打算、谋划、计划”的意思，如图谋、力图、宏图、意图、企图。

“图”字由以上意思，又进而引申为“谋取、谋求”的意思，如图报、贪图、希图、发愤图强。

“图”，也作姓氏用。

汉《礼器碑》

唐·颜真卿

唐·怀素

元·赵孟頫

四口同图

繁写的“图”字，大口套小口，里里外外，共有四个“口”字。有人以这个字形，写出了一副出色的对联。在《评释巧对》这本书里，记载着这么一个故事。

明朝建文年间，石首城有个名叫杨溥的进士，官至英武殿大学士，年幼时便聪明绝顶。那年，当地官员要征他父亲到远处挖河。杨溥说父亲有病，请求免除这一官差。县令赵文广亲自处理此事。他把杨溥召到衙门，对他说：“大家说你聪明博学，我出个上联，你若答得出下联，我便免你父亲服役。”

杨溥施礼：“请大人出上联。”

赵县令说道：“你力图想让我免你父亲劳役，那我就以图字为题吧，听着，四口同图，外口包藏内口。”

杨溥扬起头，想了想，轻声答道：“五人成伞，大人遮盖小人。”

赵县令听了，大加赞赏，非但免除了他父亲的劳役，还赞助了他钱粮和三年读书费用。

这副对联，上联折“圖”（“图”字的繁体字），外面一个大“口”字，里面包着三个小“口”字。下联折“傘”字（“伞”的繁体字），上部一个大“人”，大人之下盖着四个小人，对仗极为工整。最出色的是“五人成伞，大人遮盖小人”一句，既赞颂了赵文广体察民情、关心百姓疾苦的官德，又十分动情地表达了自己的感激之情，既无阿谀之嫌，又表达自己的感恩之心，还显露了自己出色的才华。下联短短十个字，声情并茂，恰到好处，杨溥真不愧为是个才子。

无车而行——徒步

tú

徒

甲骨文

金文

小篆

隶书

楷书

金文的“徒”字是个形声字兼会意字。左边的字形为走之旁，作形符，表示跟行走有关，右上方是“土”字，作声符，读“tǔ”。两形合一，表示用双脚步行。

小篆的“徒”字来自金文，但略有不同。它是一个左右结构的形声字兼会意字。左边的“辵”字是个会意字，读“chuò”。甲骨文的“辵”字由“行”字和“止”字组成，“行”表示大街，“止”字表示“脚”，指在街上走路。小篆省去半条街，隶变后写作“辵”，作偏旁时写作“辶”，也就是我们常用的“走之旁”。

古人之所以用“土”字作“徒”字的声符，是因为人们行走时，离不开土地，“土”是步行之地，所以“徒”以“土”字作声符并会意。隶变后的楷书写作“徒”，将“止”字移到了“土”字下面成了“徒”。

“徒”字的本义指“步行”，如：徒步、徒涉。

“徒”字由本义假借指“同一派系的人”，如教徒、僧徒、党徒、信徒。由此引申指“跟师傅学习的人”，如徒弟、师徒、徒子徒孙、徒工、学徒、门徒。又引申指“某些不好的人”，含贬义，如歹徒、暴徒、赌徒、匪徒、酒徒、叛徒。由此再引申指“被处服劳役的人”，如：徒刑、囚徒。

“徒”字又假借指“空的”，如徒手、徒有虚名、徒托空言。由此又引申指“白白地”，如徒劳、徒然、徒劳无益。

“徒”字也作姓氏用。

测“徒”字寻僧徒

测字这行当，说穿了，是种迷信活动，除了按笔迹能猜测出一个人的性格特点之外，其它的，很难说有什么科学依据。测字占卜，如同所有的迷信活动一样，玩的都是骗人的把戏。汉字是我们祖先创造的，是用来记录语言，传承历史和文化的，其中没有什么神秘的意旨，它和人的前途命运乃至凶吉祸福没有什么关系。

测字先生测字，靠的全是字外功夫。他们察言观色，见风使舵，常将要测的字增减笔画说成其他的字，有时还用人或实物，把要测的事说成相关的字，采取这种偷梁换柱的方法，把求测的人骗得团团转。

如今说的是明朝末年，测字大师周亮工为人测“徒”字的故事。

这年春天，周亮工游历到佛教圣地九华山，住在旅店里。一天，忽然来了两个小和尚，进门便急匆匆地说：“我们是从山上莲花寺赶来的。昨晚有两个师兄偷了寺里的银子逃掉了，大师傅听说你在这儿，写了个字请先生测一下，看能不能找到他们。”说罢，摊开手掌，只见掌心写着个“走”字。因手心有汗，这“走”字已模糊了。

周亮工扳着小和尚的手掌，看了又看，说：“大师傅慈悲为怀，不说逃跑，只说‘走’了。这字模糊了……也罢，就算‘走’字吧，你二人为这‘走’字而来，我另加双人旁测个‘徒’字吧。”

两个小和尚点头称是。周亮工测道：“你俩一路徒步而来。二位是僧徒，逃走两人也是僧徒，二人行，都是‘徒’啊。你俩是徒手而来，他俩是藏金而去，要想找到他们，难哪。”

小和尚请求道：“请先生指点他俩的下落。”

周亮工神秘地说：“你们转告大师傅，莫急。‘徒’字右边的‘走’字拆开是‘土下人’三字。倒不是他二人死了葬在土下，我是说他俩分了金银，各自回到原籍，还俗后隐藏起来了，只要报官，定能捉拿归案。”

两个小和尚听罢，立即赶回莲花寺报信去了。

tú

途

甲骨文

小篆

途
隶书

途
楷书

脚向树下走——途

甲骨文的“途”字是个会意字。上部像棵树，下部是个“止”字。“止”字像人的脚，人的脚向一棵树下走去，表明人在走路。走向何处？到大树下休息。看来，这“途”字表示去树下的道路。

小篆的“途”字是个形声兼会意字，以“辵”作形符，表明跟人的行走有关。“余”字作声符，读“yú”。

古人为什么用“余”字作“途”字的声符呢？因为“余”字像一棵大树。这棵大树有树干、有树枝、有树冠。“余”字上面的“八”字向两边分开，即分散，表示舒口气。“辵”与“余”字组合，意为行人在树下歇口气，表明这是在路途之中。在这儿，“途”字也是表示人们行走的道路。

“途”字的本义就是指“道路”，如路途、旅途、长途、半途、短途、归途、前途、坦途、通途、征途、道听途说。

人们要到达目的地，都必须经过一定的道路，工作中如要达到一定的目的，必须采取一定的方法，这种方法就是“途径”。

东晋·王羲之《集字圣教序》

唐·孙过庭《书谱》

留有余地才有通途

几年前，通途房地产开发公司在南京长江北岸花巨资买下八百亩地，建造了一个大楼盘。小高层沿江而建，以江景房为卖点。楼盘还仅仅在沙盘模型上，房子就被抢购一空了。

江景房日夜施工，已初具规模，离江景房几十米距离的地块，被明光房地产公司买下。就这样，又一家楼盘开工了。但就在这时，明光公司接到市规划局通知，说这儿将建造过江隧道出口处，该楼盘要向后移动一百米。如若后移一百米，那儿地势低洼，建造的房子根本看不到江景，那么全盘计划就落空了。解决的办法只有两条：一是这地块由市土地局收回，另作他用；二是由相邻的通途房地产公司后移一百米，让出地块。

为此，市规划局领导找通途公司的总经理黄总商量，看他能否顾全大局，做出点牺牲，解决这难题。黄总在办公室接待了规划局长和明光集团老总。按理说，同行是冤家，又何况两家楼盘打的都是江景房招牌。黄总本可断然拒绝，可他信奉“君子爱财，取之有道”，也信奉“有饭大家吃”、“同行共患难”的信条。他听完规划局长的请求，爽朗地说：“好商量！好商量！”

规划局长见他这么爽气，当即答应，回去向市政府请示后，准备在东北角划一块地，由市政府和通途公司合建一座滨江公园，并把小区门前的马路拓宽，把这儿建成旅游风光带……

黄总听了，指指身后“通途公司”的“途”字说：“局长，我常给我的员工讲，我们通途公司的‘途’字是大有讲究的。不管什么情况下，都要给别人留有‘余’地，只有这样，自己才有大路可走，否则，怎么会有通途呢？”

一席话，说得来人拍手叫好。

tú

涂

甲骨文

金文

小篆

塗
隶书

涂
楷书

用泥巴抹墙——涂

甲骨文的“涂”字由“三点水”和“余”字组成，隶变后的楷书写作“涂”，如今又作了“塗”字的简化字。

“涂”字的本义指水名，本指云南境内的牛栏江。江河可通航，称之为“水道”。涂江供人往来，所以又用作“途”，表示道路。路途上有土，所以“涂”字也表示“泥土”。为分化字义，古人另加“土”字写作“塗”，引申指“海滩”，称“海塗”，也称“滩塗”。

“涂”字由“泥土”又引申指“涂饰”，如涂口红、涂油漆。继而引申指“胡乱涂抹”，如：涂鸦。又引申指“抹去”，如：把墙上的字涂去。

“涂”字由胡乱涂抹又引申指“不明事理，糊塗”。

从“涂”字由水名演变为“途”字和“塗”字及又回到“涂”字的漫长过程，可见“涂”字是“塗”字的本字，是最早的“塗”字，现在又作了“塗”字的简化字。

“涂”作“塗”字的简化字，指“泥泞”。烂泥和炭火称“涂炭”，借指极困苦的境遇。处于极困苦的境地或使其处于极困苦的境地称“生灵涂炭”。由上义引申指“浅海滩”。江河入海处泥沙沉积而成的浅海滩称“滩涂”，也称“海涂”。

“涂”字假借指“使颜色、油漆、药物附着在上面”。如：涂料、涂抹、涂脂抹粉、肝脑涂地。

由上义又引申指“乱写乱画”，如涂鸦。又引申指“抹去”，如：涂改、涂掉。由此又引申指“内容混乱，不明事理”，如：糊里糊涂、一塌糊涂，也可写作“胡涂”。

“涂”和“肝脑涂地”

秦朝末年，反抗秦王朝残暴统治的起义军风起云涌，最后剩下刘邦和项羽这两股势力争夺天下，史称“楚汉之争”。公元前202年，刘邦终于打败项羽，夺得天下。

刘邦驻扎在洛阳，忙着称帝。他要解决的头等大事便是将国都建在长安还是洛阳。他手下的谋士们看法不一。

就在这时，从齐地来了位身穿破羊皮袄的文士名叫娄敬。他以广博的学识和如簧巧舌，劝刘邦定都长安。据《史记·刘敬叔孙通列传》记载，娄敬在劝说刘邦时说了“使天下之民肝脑涂地，父子暴骨中野，不可胜数”这一段话。

当时，娄敬问刘邦：“陛下恐怕是打算在洛阳建立国都吧？”刘邦点点头。娄敬接着说：“陛下想在洛阳建都，恐怕是要跟古代周王朝比一高下，看谁的气势大吧？”刘邦又点了点头，说：“正有此意。”

娄敬听罢，分析道：“既如此，以我浅见，陛下今日夺得天下，与当年武王争得天下不可同日而语。周武王的祖先行善积德数十年，天下百姓和八百诸侯对他无不心悦诚服，都跟随他消灭了无道的商纣王，因此没有经过战乱和杀戮便得到了天下。而陛下从丰沛起兵反秦，到取蜀汉、定三秦，与项羽血战荥阳，争夺成皋，经历大战十七次，小战四十次，使天下无辜百姓死伤无数，心肝五脏和迸流的脑浆涂染了大地，参战的父子暴骨于荒郊野外，无名尸骨数不胜数。眼下你虽已夺得天下，但天下并未就此太平。而关中地势极为险要，各路关塞十分坚固。这儿土地肥沃，物产富饶，故世称‘天府’。陛下如在关中长安建都，即使东边的齐鲁发生叛乱，对陛下也构不成威胁。在下认为，陛下应建都于长安，而非眼前的洛阳。”

刘邦听罢，连连点头，决定建都长安，并封娄敬为奉春君。因“娄”与“刘”谐音，便赐娄敬姓“刘”，故“娄敬”又称“刘敬”。也因此事，为后世留下成语“肝脑涂地”，比喻竭尽忠诚，不怕任何牺牲。

tú

屠

宰杀烧煮牲畜——屠

小篆的“屠”字是个左上包围结构的形声字兼会意字。左上方的“尸”字作形符，表示跟尸体残骸（hái）有关。“屠”字右下方的“者”字是“煮”字简省的写法，读“zhě”，作声符并会意。

“尸”字与“煮”字组合，指“宰杀烧煮牲畜。”

因是指宰杀烧煮牲畜，这跟尸体残骸有关，所以古人用“尸”字作“屠”字的形符。

古人为什么用“煮”字作“屠”字的声符呢？

甲骨文的“者”字是个会意字，上面是架起的木柴，下面是“火”字，小点子象征火星，表示“燃烧”。隶变后的楷书写作“者”。

“者”字的本义指“燃烧”，是“燃着”的“着”字的本字。后来“者”字作为假借字被专用，“燃烧”之义便用“箸”字来表示。后来又写作“著”，演变为如今的“着”。现在“者”字既可单用，又作偏旁用。凡从“者”取义的字都与“燃烧、明显”等义有关，如煮、暑、箸等字。正因如此，古人才用“者”字作“屠”字的声符并会意。

楷书的字形由小篆演变而来，写作“屠”。

“屠”字的本义指“宰杀牲畜”；如宰杀牲畜的刀称“屠刀”；以宰杀牲畜为业的人称“屠夫”；从事这种职业的人家称“屠户”。屠宰牲畜的场所称“屠宰场”。

“屠”字由“屠杀牲畜”引申指“残杀、杀戮（lù）”。如屠杀也称“屠戮”；大批残杀称“屠杀”；如南京大屠杀；宰杀也称“屠戮”；“屠城”指攻破城池后大肆残杀城里的居民。

“屠”字也作姓氏用。

屠
小篆

屠
隶书

屠
楷书

“屠”和“屠龙之技”

距今三千多年的西周时期，有位名叫朱泙漫的青年汉子。这人生性浮夸，好高骛远，总想做点惊天动地、让人赞叹羡慕的事情。

这天，朱泙漫在街市听人说，有个人会杀龙，学会这本领就无所不能，但很少有人学会。此事正合朱泙漫的心意。他打听到详细地址，便卖了家中田产，凑足旅费和学费，到千里之外去拜师学艺了。

朱泙漫历经千辛万苦，终于在深山老林里找到了师傅。师傅名叫支离益，据说是个仙人。支离益收朱泙漫为徒，潜心教他杀龙之技。先教他练胆量，然后教他如何按住龙头，如何斩断龙爪，如何拉住龙须，如何开肠破肚，如何割断龙尾……朱泙漫学得很认真，每一个步骤，每一个动作，每一个要领都牢记在心。就这样整整学了三年，终于等到了这一天，师傅对他说：“徒儿，你的屠龙之技已学到家了，今后见到龙，就按师傅教的，一步跨上去，先按住龙头，再抓住龙须……”师傅又将屠龙要领重复了一遍，说罢转身而去，眼一眨，已消失得无影无踪。朱泙漫这才知道，自己的师傅是位神仙，他学的屠龙之技，只有神仙才会啊。想罢，他觉得自己更是不同凡响、高人一等了。

朱泙漫回到家乡，人们纷纷前来看望他，还问长问短，特别问他学的是何技能，他便将自己学会如何杀龙的动作，一边说，一边演示。他在广场上上窜下跳，左右腾挪，挺身弯腰，将如何按龙头、拔龙须、踩龙尾、剖龙腹的过程表演得活灵活现。有位老者问他：“你见过龙吗？”

朱泙漫摇头：“没见过，从来没见过。”

老者说：“学的本领是为了实用，炫耀有什么用呢？你到哪儿去屠龙呢？”

后人将这故事总结为成语“屠龙之技”，讽刺那种虽有很高的造诣，却没有实用价值的技能。

地面隆起的部分——土

tǔ

土

甲骨文

金文

小篆

隶书

楷书

甲骨文的“土”字，是个象形字。下面一横表示地面，上面隆起的部分表示一堆土，综合起来的意思是地上的一堆土。后来的字形略有变化，上面那一堆土的形状向两边延长，变成了一横，只不过比下面一横短点儿，成为今天的“土”字。

《说文解字》认为，“土，地之吐生物者也。”还指出，那两横中上面的一横指“地面”，下面那稍长的一横指地下的“土壤”，当中的一竖表示破土而出的“植物”。这就是说，土地能吐生万物。所以古人对“土”——也就是土地，非常崇敬。因为有了土地，才能长出农作物，才能有吃有穿，才能生存。由此看来，“土”字的本义就是“土壤、土地、泥土”。

因为土地是固定在一个地方，不可移动的，所以“土”字有“本地的”和“地方性的”含义，如土产、土风、土著、土话等。由此又引申指“我国民间沿用的生产技术、设备、产品、人员”等，以区别外来的“洋”事物，如土法、土专家、土洋结合。

“土”和“洋”相对，这又给“土”字增添了“不合潮流”和“不开通”的含义，如：土里土气、土头土脑等。

“土”也是一个姓。

唐·颜真卿

唐·怀素

“一十”和“十一”——土

上个世纪四十年代末，陈毅当上海市市长期间的一天，陈毅与警卫员到一家饭店吃饭，才拿起筷子，就听服务员不断喊道：“好嘞，一十，两碗面！”

陈毅不知道这是什么意思，就留心观察起来。不一会儿，两个乡下人走进来，服务员又吆喝了一声：“好嘞，十一！”

陈毅没瞧出个所以然，就问服务员这“一十”和“十一”到底什么意思。

服务员回答道：“‘干’字拆开是一十，你像干部，所以叫一十。‘土’字拆开是‘十一’，在我们这里是专指‘土佬二’的。”

这服务员讲得津津有味，陈毅听了却很生气，立刻亮明身份，严厉地对服务员说：“如今是新社会，人没有高低贵贱之分，这种称呼今后再也不许用了！”

这个故事，有点传奇色彩，似乎也有点夸张，因为在当时“干部”的“干”字还没有简体字。但这个故事很有趣，我们就宁可信其有吧。

tù

兔

甲骨文

金文

小篆

兔

隶书

兔

楷书

长耳短尾的兔子

古人根据兔子的特征造出了“兔”这个字。

在甲骨文中，“兔”字是一只长着长耳朵、短尾巴，身体圆圆的小动物蹲着的形象。这是个象形字。

在金文中，“兔”字又突出了它有两只大眼睛的特征。小篆与金文是一脉相承的，在写法上更接近于今天“兔”字的写法。在书写这个字时，很多人往往容易把“兔”字和“免”字混淆，其实只要记住，兔子有一条短小的尾巴，就可以轻松地记住“兔”上的这个小点了。

兔子是一种哺乳动物，头部有点像老鼠，耳朵又大又长，常常是竖起来的，上嘴唇分裂，所以有“兔唇”这个词。

“兔子的尾巴长不了”，也是根据兔子的特征产生的俗语。

与“兔”有关的成语有兔死狐悲、狡兔三窟等。

唐·欧阳通

宋·蒋灿

唐·孙过庭

少写一点“兔”成“免”

苏北阜宁县有位蔡乡长工作拖拖拉拉，可一遇到请客吃饭，他浑身来劲。村民们常喊他“馋乡长”。

这天，县里来了位局长检查工作，中午总得弄几样菜，好好陪领导喝几盅。“馋乡长”想了想，按规矩，这次鸡鱼肉蛋，应该由王家村负责提供。他掏出笔，“刷刷刷”地写了张便条，要乡办公室主任火速送交王家村的王村长，要他按便条上的数量，把副食品送过来，好让厨房快点弄菜。

办公室主任知道这位局长喜欢吃兔子，便提醒“馋乡长”：“王家村有养兔场，再加两只兔子吧。”

“馋乡长”二话没说，又掏出笔，在清单上补了一行。为表示慎重，还在这一行字前后打了个括号。

天快中午时，王村长来了，只拎来五条鱼、一只鸡。“馋乡长”一看，生气地说：“我写的是三只鸡，两只兔，怎么只有一只鸡——还有兔子呢？”

王村长苦巴巴地说：“我按办公室主任送来的条子办的呀。不信你看，这是你亲笔写的！”

“馋乡长”指着条子说：“我不是写得明明白白，鱼五条，鸡三只，兔两只吗？”

王村长指指括号里那行字说：“你说鸡三只，括号里又说免两只，我就送来一只！”

这下“馋乡长”没话可说了，他分不清“兔”和“免”的区别。他不明白“兔”字上那一点表示兔子的短尾巴。因为少写了一点，这次，他少吃了两只鸡、两只兔。

圆圆的线团

tuán

团

金文

小篆

專

隶书

团

楷书

金文和小篆的“团”字，是个内外结构的形声兼会意字，外面是个方框“囗”，读“wéi”，像四周围绕的形状，这个方框就是古代的“围”字，在这儿作形符，表示四周环合，圆圆的没有缺省。

古代的“团”字，里面是个“专”字，作声符，读“zhuān”。“团”字的本义为“圆”，指圆形的。古人为什么用“专”字作“团”字的声符呢？因为甲骨文的“专”字，是个形声兼会意字，左边是手，右边是纺锤，表示用手转动纺锤的意思。不断地转动纺锤，就有“圆转”的意思，所以，“团”字以“专”字作声符，兼表意。后来里面的“专”字简化为“才”，“团”字就简化为“团”。

“团”的本义指“圆”，如团圆、团粒、蒲团、气团、汤团。

“团”字本义引申指把东西揉成球形，如团泥团、团纸团。

“团”字也指会合在一起，如团结、团拜、团聚、团圆、团粉、花团锦簇、漆黑一团。

“团”字有“会合在一起”这层意思，又引申指“工作或活动的集体、组织”，如团体、财团、集团、剧团、文工团、社团、还乡团、集团军。由此又引申专指“青少年的政治组织”，如共青团、儿童团。这些组织的成员称为“团员”，经费称为“团费”，还有：团旗、团校、团章、入团等。

“团”字作名词时，指“军队的编制单位”，隶属于师，下面有若干营，如团长、团部。

“团”字作量词用时，表示成团的东西，如一团毛线。

“团”字也作姓氏用。

八月中秋“团”圆节

农历八月十五日是中国传统的中秋节，据说早在汉代就有中秋节了，是我国仅次于春节的第二大节。八月十五月儿圆，这天晚上，全家人一边赏月，一边品尝圆圆的月饼，外地的亲人大都要赶回家与亲人团圆，因此中秋节也称“团圆节”。

却说苏北阜宁县杨集村的陈老汉，中秋节这天，与老伴张罗了一桌丰盛的酒席，期盼在外打工的六个儿女回来吃团圆饭。

儿女们都答应赶回来过节，唯独小儿子说业务太忙，怕走不开。陈老汉下了死命令：再忙也要回来！

儿女在晚饭前赶回来了，大家七手八脚搬桌椅、端酒菜，围成一桌，坐了下来。

陈老汉端起酒杯说：“今天中秋节，大团圆，我心里高兴，刚刚看到你们忙乎的样儿，又看到了小六子才回来，我就想到两个字谜，说出来，让大家猜猜。猜对了，才能喝酒。”

儿女们都知道老爸喜欢制谜面、猜谜语，都静静地听着。

陈老汉放下酒杯，一字一句说：“八仙桌已摆好，怎么才来？赚赔赊都要紧，总得回来。”

小儿子在城里搞书刊发行，见多识广，他心里琢磨：这八仙桌是四四方方的，不是个方框么？老爸说“怎么才来”时，重音在“才”字上，这两句话合起来就是个“团”字呀！“赚”、“赔”、“赊”都要紧的部分是“贝”字，紧靠着“回”字，不是个“圆”字么？想罢，他举起酒杯说：“老爸，我明白你的心思，你出的字谜是‘团圆’两个字，你是要我们常回家团圆啊！”

陈老汉高兴地说：“对呀，团团圆圆！”说罢，全家人端起酒杯，一饮而尽。

用手将物向外移——推

tuī

推

小篆的“推”字是个左右结构的形声字兼会意字。左边的“手”指手，作形符，表示跟“手”的动作有关。右边的“隹”字读“zhuī”，作声符并会意。

因是表示用手将物体向外移动，所以古人用“提手旁”作“推”字的形符。

古人为什么用“隹”字作“推”字的声符呢？

古代的“隹”字指短尾巴小鸟，如麻雀之类。鸟有个习惯，喜向外飞翔，古人取其“向外”之义，所以用“隹”字作“推”字的声符并会意。

楷书的字形由小篆演变而来，写作“推”。

“推”字的本义指“以手向外用力使物体移动”，如：推动、移动称“推移”。也指“随着形势、风气、时间等变迁或发展变化”。用力使立着的物体倒下来称“推倒”，也称“推翻”。有时也指“推翻政权或势力”。使物体向前移称“推动”。还有推拿、推磨、推子、手推车等词。

“推”字由本义引申指“使事情开展”，如：推动、推进、推广、推销、推行等。由上义引申指“推测”，如：推断、推定、推理、推敲、推求、推算、以此类推、推己及人等。

“推”字由本义假借指“辞让”，如推让、推辞、半推半就。由上义又引申指“往后挪动”，如推后、推迟。“推”字又假借指“推荐”，如推举、推崇、推选等。还假借指“赞美”、“崇敬”，如推许、推重。

“推”字由“使挪动”引申指“脱卸责任”，如推托、推委、推脱、推卸等词。

推

小篆

推

隶书

推

楷书

一手“推”平，从头做起

这里讲个跟推头和推子相关的故事。

无锡梁溪谜语研究会会长马汉文，是个学者型的人物，他阅历广，学养有素，广交朋友。几年间，他把一个不起眼的谜语研究会，搞成了深受民众欢迎的市民大讲堂，谈保健，谈家常，谈公益……所作所为都是正能量，受到社领导及当地市民的表扬，不仅众多老头老太们知道有个马会长，就连一些时髦青年对他也十分敬仰。

老马在下放农村时，学会了理发，且手艺高超，近年来他结识了“时尚发屋”的理发师小胡。这小伙子手艺不错，为人热情豪爽，可就是性情急燥，有点愣头青的味儿。据说他对马老很崇拜，还一心要加入谜语研究会，跟马老交朋友……

马汉文多时没见小胡了。这天小胡突然找上门来，摸出一把电动推子和剪刀，来给马老理发，还连声说对不起，耽搁老人家理发了。马汉文也不推让，坐下理发，问他是否跳槽到别的店里了。小胡长叹一声，说因为女友劈腿，他一怒之下，将插足者打伤，被刑事拘留关了好多天。马汉文问：“感觉如何？”小胡沉痛地说：“唉，就像小鸟关在笼子里，难受！出来后也难为情，见不得人。”

小胡理完发起身要走，马汉文见他头发很长，便说：“你头发长了，我来给你理一下吧。”说罢从抽屉里翻出一把老式手动推子，要给小胡理发。马汉文说：“按旧风俗，你从拘留所出来要剃头洗澡。今日我给你剃个平顶头，讨个好口彩，叫‘从头做起’吧。”小胡问：“什么叫‘从头做起’？”马汉文一边为他理发，一边说：“我手里这把推子，从你头发根推起，一手推平，让你有个好发型，更光采，这就叫‘从头做起’。当然喽，你也可以理解为：去的就让他过去了，一切从开头做起。”

小胡听得连连点头。马汉文喝住他：“我这推子正在推呢，你要晓得，‘推’字可不是小动作，它力大无比，不是拖一拖、扫一下，撸一把、掸一掸，挪一挪、移一移，而是干净彻底地推平，一切从头开始！”

头上没有头发——颓

tuí
颓

小篆

頹
隶书

颓
楷书

小篆的“颓”字是个左右结构的形声字兼会意字。右边的“页”字作形符，表示跟人的头部有关。左边的“秃”字读“tū”，作声符并会意。

这个字本义指人的头上没有头发。

因指的是人头上没有头发，这跟“头”有关，所以古人用表示头部的“页”字作“颓”字的形符。

古人为什么用“秃”字作“颓”字的声符呢？

金文的“秃”字是个象形字，与“老”字“考”字同源，都是突出衰老之人的形状，头上短发稀疏，表示头发已秃。小篆的字形将头发误写为“禾”字，成了人头上长着稀疏的禾苗了，隶变后的楷书写作“秃”。“秃”字的本义指“没有头发”，所以古人才用“秃”字作“颓”字的声符并会意。

楷书的字形由小篆演变而来，写作“頹”，现简化为“颓”。

“颓”字的本义指“头上没有头发”。因头上无头发，表示衰老，所以“颓”字由本义引申指“衰败”，如：衰落、破败、腐败称“颓败”；衰败的趋势称“颓势”。由此也引申指“倒塌”，如：“残垣断壁”也称“颓垣断壁”。日趋败坏的风气称“颓风”，也指“颓风败俗”。由“衰颓”引申指“消沉、萎靡”，如：情绪低落，精神萎靡称“颓丧”；精神萎靡称“颓唐”。

虎榜登科——颓

汉字是形、音、义三者结合，缺一不可。要深入了解一个汉字，要听其音，拆其形，辨其义。

就拿人们熟悉的“颓”字来说吧，这个字左边是“秃”字，光秃秃的，字形怪怪的；右边是“页”字，本义指人的头部。“秃”字与“页”字组合为“颓”，字相不太好看，字义就更让人避之不及了，但到了测字名家嘴里，经他们一拆解，都成了好事儿。

清朝初年，江苏江阴有位测字名家叫程省。这一年，正逢虎年科考，举子们齐聚京城，参加考试。考前，不少测字先生也赶到北京，为举子们预测考题或是前程如何，此时正是测字旺季啊，这天，有位书生找上门来求测。程省让他在布袋里摸个字。这位书生手在袋子里上下翻滚，似乎要把每个字都摸一下，非得找出个大吉大利的字儿不可。最后，他一咬牙摸出个字，翻转一看，是个“颓”字。也不知程省为何要将这令人皱眉的字放进布袋里。

程省接过字牌，看着“颓”字叹道：“多年没见有人摸到‘颓’字了。恭喜呀，先生，今年虎科，你必定榜上有名啊。”

书生大喜，声音颤抖地问：“先生何出此言？”

程省指着“颓”字说：“这‘颓’字有人忌讳，其实不然。‘颓’左为‘秃’，右为‘页’。‘秃’字拆开来上为‘禾’，下为‘几’。‘虎’中有‘几’。‘几’是‘虎’之底，此虎有坐等之势。‘科’字拆开，左为‘禾’，此‘禾’在前，科字里以‘禾’为主，因此‘秃’字有虎榜登科、龙榜无望之义，喜登虎榜，难道不是可喜可贺么？”

书生仍然追问：“先生，你只说了半个字啊。”

程省道：“剩下半个‘页’字还要我多说吗？古时‘页’与‘首’是同一个字。元首、首先、首领、首位、首屈一指，哪样不是首位？‘首’与‘头’同义，头名状元，也包含其中。‘页’与‘一’同音，‘颓’中有‘页’，难道还不是第一么？”

几句话，说得这书生信心百倍，走上了考场。

支撑身体和行走的腿

tuǐ
腿

小篆

腿
隶书

腿
楷书

小篆的“腿”字是个左右结构的形声字兼会意字。左边的“月肉旁”作形符，表示跟人或动物的肌肉或肢体有关。右边的“退”字读tuì，作声符并会意。

“退”字与“月肉旁”的“肉”字组合，指“人或动物支撑身体和行走的肢体。”因指的是人或动物的肢体，这个跟肌肉有关，所以古人用“肉”字作“腿”字的形符。

古人为什么用“退”字作“腿”字的声符呢？

小篆的“退”字由“走之旁”和“艮”字组成。“走之旁”表示在大街上行走。“艮”字读“gèn”和“hén”。这是个会意字，上面是个“目”字，下面是个“人”字，表示人朝后看的眼睛，表示这个人一边走一边怒目而视。因“退”字有行走之义，跟向前走一样都要用到“腿”，所以古人用“退”字作“腿”字的声符并会意。

楷书的字形由小篆演变而来，写作“腿”。

“腿”字的本义指“人和动物用以支撑身体和行走的部分”。如：人的腿和脚体现人的走动能力，故称“腿脚”；不能行走的人称“腿脚不便”；迈步，或抽身、脱身称“拔腿”；从臂部到膝盖的一段称“大腿”，也称“股”；从膝盖到踝huái子骨的一段叫“小腿”，也称“胫”。还有跑腿、瘸腿、狗腿子等词。“腿”字由本义引申指“器物下部像腿一样起支撑作用的部分”，如：桌子腿、凳子腿、椅子腿。由本义还引申指“与腿有关的”，如：裤腿、护腿、裹腿、绑腿、腿裆等词。

狗“腿”子

在汉语文化中，马、牛、羊等动物，一直是善良、勤劳、忠厚的形象；唯独狗，其声誉不佳，很多贬义词都带上它，如丧家之犬、狗仗人势、狗眼看人低、狗改不了吃屎、狗嘴里吐不出象牙、狗恶酒酸、狗腿子、走狗等等。

狗最忠于主人，故有“忠实的走狗”一词。狗如此忠于人类，而人类却又将它骂得狗血喷头，狗屎不如，这确实有点不公。但只能如此了。

不知诸位注意到没有。不管大狗小狗，都有个习惯，跑到哪儿，尿到哪儿。据说是留下气味，好找到回家的路。你若注意狗尿尿的姿势，全是一个样儿：都要抬起一条后腿，好像生怕尿脏了那条腿似的，但另一条腿难道就不怕尿脏吗？据说，这里有个故事。

很久很久以前，有个大官儿的腿断了，整天疼得嗯嗯呀呀，苦不堪言，更糟糕的是这下他不能走路了。这大官儿家有个奴才，对主人十分忠诚。他见主人如此痛苦，便主动要求，截下自己的一条腿给主人接上，让他免除疼痛，又能走路。

大官儿问：“你的腿给了我，那你怎么办呢？”

奴才指指看门的狗说：“这你别担心，我就用狗腿接上就行了。”

大官儿不放心：“那狗少了一条腿怎么办呢？”

奴才轻松地说：“那还不容易么，用泥巴搓条腿给它按上不就行了么？”

于是就如此这般，奴才将自己的腿锯下给了主人，又将狗腿锯下安到自己身上，随后又和了泥巴搓了条狗腿给狗安上。从此以后，狗撒尿的时候不得不抬起一条腿，因为它怕一泡尿冲掉了那条泥巴捏的假腿啊。

这就是“狗腿子”一词的来历。

tuì
退

甲骨文

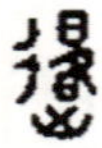
金文

小篆

隶书

楷书

向后移动——退

小篆的“退”字用“彳”表示路，用“夂”表示倒脚，用“日”字表示时间，以此表示“后退”。

隶书和楷书以“辶”表示行进，以“艮”字表示停止，两形合一，表示“后退”。

这里应该特别说一下“艮”字。此字读“gèn”，也读“gěn”是个会意字。甲骨文的字形是上面有只朝后看的“目”，下面是个人，表示人向后瞪眼睛，这是最初的“眼”字，后来加了“目”旁，专门表示“眼”，“艮”才另作它用。“艮”字向后瞪眼而目光停止这层意思，被引申指静止、停止，不进则退，所以它就在“退”字上占了一席之地，可见老祖宗在造“退”字时是经过精工细雕的。

“退”字在演变过程中，离不开行路、倒行的脚以及表示时间的“日”，凡此都是表示向后移动。

“退”字的本义指“向后移动”，如后退、退后、倒退、退避、退步、进退两难。

“退”字由本义假借指“辞去”、“离开”，如：退出、退场、退路、退伍、退席、退学、退休、撤退、引退、退避三舍。

“退”字又假借指“送还”、“不接受”，如：退换、退回、退婚、退伙、退还、退货、退赔、退票、退赃。还假借指“逐渐消失”，如：退化、退潮、退热、退烧、消退、退缩、急流勇退。

依据笔迹断进退

书法家写的字属艺术品，风格各不相同。其实我们平时各人写的字，也是各具特色的，这恐怕跟各人的文化修养、性格特征、书写习惯、生存环境等也有影响，要不，怎会有“文如其人”、“字如其人”这一说呢？有些人找对象谈朋友，往往先要看看这个人写的字，才作决定呢。

在古代的测字术中，也有根据求测者所写字的字形笔意来作出判断的。

却说南宋高宗绍兴初年，宰相赵鼎与后来的奸相秦桧政见不一，关系不和，矛盾颇深，两人实在难以共事，各自都有引退之意。当时，临安城内有位测字名家叫周民生，受人推崇。赵鼎和秦桧各自写了个“退”字，暗地里派人送去，求周民生依各自亲笔写的字迹来预测各人的进退去留。

周民生看着两个“退”字，对来人说：“你们同时送来同样的字，我不便就这字形字义说事，这样吧，我就按这两个‘退’字的笔意，来说说写字人的进退去留。”

送字人都点头同意。周民生指着第一个“退”字说：“这个‘退’字，除去‘走之旁’不谈，右边的‘艮’字可拆解为‘日’字和‘人’字。‘日’者，如日中天，君主也；‘人’者，求测之人也。此人写的‘退’字，离‘日’字很远，可见写字人与君主有隔离，恐远离而去，退出京城。”

说罢，他又指着第二个“退”字分析道：“此人写的‘退’字，除去‘走之旁’不谈，就这‘艮’字中的‘人’与‘日’来说，你们看，此‘人’紧靠‘日’之下，而且‘日’字左笔下连，而‘人’字则左笔斜贯而上，由此可知，写这‘退’字的人与君主靠近，且有上升之势，因此他只进不退，而且会向上攀升。”

一切如周民生所测。第一个“退”字是宰相赵鼎所写，不久他被宋高宗贬出京城。1131年，宋高宗任用秦桧为相，十年后，在奸相秦桧的主持下，宋金议和，坚持抗金的岳飞被杀，宋向金称臣，大宋江山离灭亡也就不远了。

把穿的衣服脱下——褪

tuì

褪

小篆的“褪”字是个左右结构的形声字兼会意字。左边的“衣”字作形符，表示跟衣服有关。右边的“退”字读“tuì”，作声符并会意。

“衣”字旁和“退”字组合，指“把穿在身上的衣服脱下”。因脱的是衣服，所以古人用“衣”作“褪”字的形符。

古人为什么用“退”字作“褪”字的声符呢?

古代的“退”字是个会意字。它由三部分组成。一是左下方的“彳”，这表示路。第二是右上方的“日”字，表示每一天。第三是“日”字下面的“夂”字，这个字读suī，指朝下的一只左脚，表示迟疑退回之义。退字“用日日行迟”，来表示“后退”，也就是“脱离原地，向后移动”。而人把本来穿在身上的衣服脱下，也有“向后移动之意”。所以古人用“退”字作“褪”字的声符并会意。

楷书的字形由小篆演变而来，写作“褪”。

“褪”字的本义指“把穿着的衣服脱掉”，如：褪去冬衣。“褪”字由本义引申指“脱”，与“脱”字同义。“褪”字也指羽毛、颜色褪掉，如：褪皮、褪色、褪毛。

“褪”字是个多音字，读“tuì”时，指脱落，脱去，如“腿毛”“褪色”中都读这个音。“褪”读作tùn时，作动词用。指退缩身体的某部分，使套着的东西脱离。如：在方言中把手藏在袖子里说作“褪着手”。也指“使身体脱离捆着它的绳索。如：狗褪了套儿跑了。

“褪”字读作“tùn”时，也用来比喻摆脱责任。

小篆

褪

隶书

褪

楷书

包不“褪”色

民国年间，南京夫子庙三山街有家戏馆，老板姓陈。陈老板很注重演出质量。一次演员和观众都抱怨场子里吸烟人多，空气混浊，坐久了头昏脑胀，没精神看戏。演员们也常因烟雾腾腾导致嗓子哑，唱走了调。陈老板就在门口贴出告示：“请勿吸烟”。但能有几人听从劝告呢？大多数人仍是吞云吐雾。他也无奈，观众得罪不起啊。

戏馆斜对门有家染坊，老板姓吴。吴老板在店门口挂出的金字招牌是：“包不褪色”。这四个字可真的是镏金的，闪闪发亮。

一天，吴老板坐在陈老板家戏馆门口，见有不少观众叼着香烟进出，便指着“请勿吸烟”的招牌嘲笑道：“你这招牌形同虚设，做做样子的！”

陈老板指指“包不褪色”四个大字说：“你那招牌也是言过其实。你能包不褪色？”

吴老板狡黠（xiá）地笑笑：“哎，兄弟，你看看清楚，这招牌横着，从右到左是‘包不褪色’，可从左到右读是‘色褪不包’啊！”

陈老板听了，好像抓到了把柄，骂吴老板不厚道，说他欺骗顾客。吴老板听了，反唇相讥：“兄弟，不要大哥说二哥，互相揭丑了。你那‘请勿吸烟’，倒过来读是‘烟吸勿请’。你是暗示人家，有烟你尽管吸吧，我不请你吸！”

吴老板听了，仔细品味了一下，是有这么点儿意思，内心也确实这样想的，你吸你的烟，反正不用我掏腰包。有什么办法呢，就这个世道，你能阻挡人家吸烟吗？连吸鸦片也禁不了，谈何禁吸香烟？想罢，他叹口气，对吴老板说：“不谈这个了，你我都是混口饭吃，不干犯法的事就算积德啦，还是跟我进去听会儿戏吧！”

不经咀嚼吞下肚

tūn

吞

金文

小篆

吞
隶书

吞
楷书

在小篆中，“吞”字是个上下结构的形声兼会意字。上面的“天”字表示读音，下面的“口”字表示这个字与嘴巴有关。

“吞”字的本义指不经咀嚼，将食物整个咽到肚子里，如：吞吐、吞食、吞药片、狼吞虎咽、囫囵吞枣。

细细品味“吞”字，发觉用“天”字作声旁，也颇有讲究。为什么不用别的同声字作声旁，而用“天”字呢？试想，张开大口，要把“天”也咽下去，这是何等的气势。而这种气势，也正是“吞”字所要表达的。“气吞万里”，不正是这种气势么？所以用“天”作音符并会意。

正因为“吞”字有这种气势，所以“吞”字又转义为兼并、侵占的意思，如：吞并、吞没、吞灭、独吞、侵吞。

“吞”，又有忍受着，不发作出来的意思，如：忍气吞声。

也有人说，古人用“天”作声符，是因为“天”有在上的意思，而人在吞咽食物时，常将口向上，所以用“天”作音符并会意。

唐人《淳化阁帖》

魏·钟繇

宋·米芾

“口”在“吞”字之下

明朝天启年间，安庆有一位名叫李天成的官吏，因与阉党吴醇夫关系不和，怕遭到吴的陷害，于是就写了一个“吞”字，找测字高手郑仰田，请他测测凶吉如何。

郑仰田接过字一看，心中立刻有了数。他低声说道：“你一定遇到了麻烦，你的对头势力不小啊，足够吞没你。这‘吞’字从‘天’从‘口’。‘口’是‘吴’字头，莫非你的对头姓‘吴’？”

李天成听了，点头称是，忙问结果会怎样。

郑仰田咧嘴一笑，不紧不慢地说：“‘吴’字以‘口’为头，现在‘口’已经在‘吞’字之下了，说明他将人头落地，你不必再害怕他了。”

过了一年，阉党吴醇夫因触犯朝廷，被处斩首示众。

李天成终于舒了一口气，心中一块大石头落地了。他还特地去感谢郑仰田，说他拆的“吞”字，使自己过了一年安稳日子。

其实，拆字先生也只是摸准这人的心思，根据形势，给他一点心理暗示而已。不过，他对“吞”字这番剖析，也确实有独到之处，令人佩服。

人坐靠床椅的部位——臀

tún

臀

甲骨文

小篆

臀

隶书

臀

楷书

小篆的“臀”字是个上下结构的会意字，由三部分组成。上面是“尸”字，表示坐着的人。中间是“刀”字，表示放置物体的基础。下面是“几”字，可认为是茶几之类的小桌子，也可看作是放置物体的基础。这三部分组合在一起，表示人所靠坐的基础。这基础就是“臀”部，也就是人的屁股。隶变后，楷书写作“臀”，本义指屁股，这个字就读“tún”。

“展”字是最早的“臀”字。后来这“展”字作了偏旁用，如“殿”字。于是，古人便为“展”字的屁股之意另造了个“臀”字。这个字以“殿”字为基础，下面另加义符“月”来表示。

这另造的“臀”字也是个会意字。由“展”字“兀”字、“几”字和“月”字四部分组成。“展”表示人，“兀”是古代的“床”字，在这儿仍表示“床”。“几”字为木几，即给人以凭倚的小椅子、小茶几之类的家具。“月”字表示人的肌肉。这四部分综合起来，表示人坐床椅靠小桌子的部位，这部位就是“臀”，也就是屁股。因人的臀部是肉最多的部位，所以用“月”作形符。

“臀”字的本义指“屁股”，如：做食品用的猪臀部隆起处的肉称为“臀尖”；鱼类肛门后面的鳍（qí）称为“臀鳍”；人围绕臀部一圈的长度称为“臀围”；猴类臀部的厚而坚实的皮，红色、不生毛的部位称“臀疣（tún yóu）”。

“臀”字与“臂”字相似，切勿当作“臂”字用，也不可读作“diàn”。

挥"臀"一"捶""腚"音

一份为《江南周刊》的八开小报，自创刊以来，渐渐出了名气，虽说一周一份，订阅的人倒也不少。最近新增了"体育版"，更受体育迷们的青睐。为了扩大影响，总编辑王成蕊决定扩大版面，并决定增加人手，特地招聘了三名体育记者。其中有位张小猛，是运动员出身，曾在省排球队当过主攻手。他精通体育事项，就是文字水平欠缺点儿。王总认为，慢慢打磨他会成为名记者的。

最近，华东地区男排邀请赛在本市举行。省队参赛的选手，张小猛大都熟悉，他特地写了篇报导，详细介绍了省队获胜的经过。其中描述省队队长在最后一场比赛时，扬起手臂，一拳砸下去，对方失误，一锤定音，省队大获全胜。

张小猛经再三斟酌，把题目定为"挥臂一锤定音"。这个标题倒也不错，可不知咋的，他把"臂"字写成了"臀"字，"锤"字也错写成"捶"字，而他自己浑然不知。

王总看了稿子，把张小猛喊到办公室，指着用红笔改了一个字的标题对他说："读读看，什么意思？"

张小猛一看，王总把"挥臀一捶定音"的"定"字改成了"腚（dìng）"，一时摸不着头脑。他指着"腚"字，讪（shàn）笑着说："王总搞笑了，怎能把'定'字改成'腚'字呢，这不成了屁股吗？"

王总笑道："对呀，跟你学的呀，你读读看！"

张小猛细细一看，不好意思地说："我把手臂的'臂'字写成……写成'臀'字了……"

王总假装没听清："什么？你大声读一遍！"

张小猛羞愧地说："这个字……读不准，好像是指屁股……"

王总纠正道："这个字读tún。'臀部'就是屁股，跟'腚'一个意思。"

张小猛难为情地说："我明白了。"说罢，拿起稿子起身要走。王总关照他："拿回去再看看，六个字的标题上，还有哪个错别字。想明白了，再来告诉我！"

tuō

托

小篆

托
隶书

托
楷书

手掌向上托起物体

古代的“托”字，是个左右结构的形声字兼会意字。左边的“”是形符，表示跟手的动作有关，右边的“乇”字是声符，读“tuō”。这两个字形组合在一起，表示用手掌承受物体。因为用的是手掌，所以“托”用提手旁作形符。

古人为什么用“乇”字作“托”字的声符呢？因为古代的“乇”字像植物刚开始长根冒出茎叶的形状，有茎承托嫩叶的意味。而“托”所要表示的是用手掌托物，所以用“乇”字作声符并会意。

“托”字的本义指“将手掌心朝上承受住物体的重量”，如：托着茶盘、和盘托出。由本义引申指“托物品的器具”，如：枪托、托盘、花托。还引申指“衬、垫”，如托上一层纸。还指“陪衬”，称为“衬托”，烘托、烘云托月等词中的“托”都指“陪衬”的意思。

“托”字由本义假借指“请人代办”，如请求别人办事称“拜托”，也称“付托”。托运、恳托、请托、嘱托、转托等都是请人代办的意思。

“托”字还假借指“寄放”。如委托别人照料或办理称“托付”；临终前托人照料遗孤称“托孤”；委托管理称“托管”。寄托、全托、受托、信托、重托、托梦等词中的“托”都有“寄放”的意思。

“托”字还假借指“借故推诿、避开”，如：托病、托词、托故、假托、伪托等。

“托”字由“托物体的器具”引申指“依赖”，如：托福、托名、依托、托庇、托熟等。

只许“托”下巴

这天无锡梁溪谜语研究会的市民讲座又开始了，今日由报社退休老编审吴先生，讲日常用词中的细微差别。他从动词“托”字讲起——

我按前几位的规矩，先讲两个字谜。“伸手拔一毛”，这是谜面。如何解开谜底呢？我们可考虑将“毛”字拔掉“一”，剩下“乇（tuō）”字，加上提手旁为“托”。第二个谜面是“手掀宅顶”，就是把“宅”字顶掀掉，剩下“乇”字，加手提手旁，也是“托”字。今日我托谜语研究会的福，把我对“托”字的理解和盘托出。

最早的“托”字，其实就是拔掉一根毛，掀掉宅顶的“乇”字，这个字属象形字。字形像初生植物破土而出，长出根茎和嫩叶的杆子。上有叶片，下有草根，表示草托地而生。后来这“乇”字作了偏旁，寄托的意思用“託”来表示。如今简化为“托”，表示手掌心朝上，将东西托举起来。

诸位别小看这些带提手旁的动词，理解得深浅好坏，跟性命有关呢。几年前，我到广西北海星岛湖参加笔会。晚饭后，作家老林和老沈带着几位女作者到山脚游泳池学游泳。我不会游泳，也被他们拉着去凑热闹。当时四周漆黑一片，伸手不见五指。我不会游泳，下池后，就扒着池边的水槽，用脚划两下。温和内向的老林站在我身后擦身，活跃开朗的老沈在教女孩学游泳。我大声警告老沈：“深更半夜，教女孩学游泳，只许托下巴。”老沈大声回答：“是！”我乐得哈哈大笑。不料，得意忘形，双手一松，人就沉了下去。我个子矮，脚踩不到底。脚下是青苔，身子下沉时踏上去很滑，我站立不稳，上下翻滚起来。我双手乱抓，就是抓不到池边水槽。我暗想：今日命休矣。我连喝几口水，终于被老林托住下巴，救了上来。我吐了几口脏水，责怪老林：“你怎见死不救呀！”老林委屈地说：“你不停地动，我托不到你下巴呀！”我不满地说：“托什么下巴呀，你拉一下，扶一下，先把我捞起来再说呀。”

老林认真地说：“你刚刚说只许托下巴呀！”

唉，一句玩笑话，差点送了我老命。

tuó

佗

小篆

佗

隶书

佗

楷书

人用背部负重物——佗

小篆的“佗”字是个左右结构的形声字。左边的“人”作形符，表示跟人有关。右边的“它”读“tá”，也读“tuó”，在这儿应读“tuó”而不读“tá”。作声符。

“单人旁”的“人”字与“它”字组合，指人用背部负重物。这儿的“它”不是指蛇，而是指“别的，另外的，其他的”，可指人，也可指物。因为字义的进化和发展，“它”字专用来指称“事物”，借用“他”专门指人。

“他”是“佗”的异体字，这两个字同义。由于“也”也是指蛇，跟“它”一样，所以古人用“他”来专门称人，而“佗”则用来表示“负荷”，指用“背”负重物。

楷书的字形由小篆直接变来，写作“佗”。“佗”字的本义指“背负”，如人们常说的“手提”、“肩挑”、“背负”。“佗”字同“驮”，都是指用背部负重物。

“佗”字也作人名用。历史上的神医名“华佗”。《现代汉语词典》中的“佗”字只有两个字作解释：“负荷”。

“马驼”不愿称“马佗”

民国年间，北京有位书画家名叫马天宝，马天宝的爷爷精通书法，收了不少徒弟跟他学写字，马天宝也跟着学。难能可贵的是马天宝喜欢写字，且刻苦好学，加上天资聪颖，到十七八岁，便在书坛斩露头角，颇有名气了。

成年后，马天宝以写字为生，除了卖字，主要为几家印刷公司写石印教科书。他的字体圆润丰满，十分大气。据说当时用仿宋体铅字排印的课本，效果都不及马天宝手写的课本。

因长年累月伏案写书，高个子的马天宝背部弯曲，成了驼背，人称“马驼”，对这外号，他毫不在意。他本人也以“马驼”自称，后来干脆自号为“马驼”。

马天宝也常为店铺题名，为收藏家写字，这就需要有名人刻的印章。当时京城刻字名人萧文龙跟他是熟人，常有来往，于是他特地备了重金上门求章，萧文龙一口答应。

萧文龙是个办事认真、治学严谨的人。他为马天宝刻章时碰到了个难题。马天宝一再强调要用他的大号“马驼”为章。萧文龙翻阅了《说文解字》，里面没有“驼”字，按照常规，可用“佗”字代替，再说用“驼”字作名，总有点不雅，于是，他便为马天宝刻了“马佗”二字为印章，派人送去。不料，马天宝一见，当即叫人退了回去，理由是：我要刻的是“驼背”之“驼”的“马驼”，而不是人旁之“佗”的“马佗”。

萧文龙也是个犟牛脾气。他一见马天宝退还他刻的印章，要求重刻，不由大怒。他立即修书一封，斥责马天宝：“你马某不想做人，执意要做畜牲，我萧某决不从命，日后也不与你交往。”据说，这两人后来多年没有来往。两人反目，就是为了“驼”“佗”二字。一个是“马”字旁，一个是人字旁，这两个人各不相让，将此事上升到“人畜”之分的地步，也算给文坛留下一段故事。如今看来，这个故事更显古人对文字学术之追求是何等执著，对咬文嚼字是何等认真，真是可敬可爱又有趣。

与马相似的骆驼

tuó

驼

古代的“驼”字，是个左右结构的形声字兼会意字。左边的“马”字是形符，表示跟马有关。右边的“它”是“佗”字简省的写法，读“tuó”。两形合一，指“和马的外形相似的动物骆驼”。

古人为什么用“佗”字作“驼”字的声符呢?

毫无疑问，骆驼的外形确实跟马相似，所以用“马”字作形符。骆驼是沙漠中负重的家畜，它的背上要承载很重的物品，而古代的“佗”字本义就是指“用背部负载物品”。“佗”字跟现在所说的“驮”字的意思是一样的，所以骆驼的“驼”字用“佗”字作声符并会意。组字时“佗”字简化为“它”。

“驼”字的本义指“骆驼”。

说到“骆驼”，我们不妨顺带说一下“骆”字。

古代的“骆”字是个会意字。金文的字形左边是“马”，右边是“各”。“各”有彼此不同的意思，因为“骆”这种动物身子上的毛是白色的，而马鬃、马尾的毛是黑色的，对比鲜明，很不相同。古时就将鬃毛和尾巴是黑色的，而身子是白色的马称为“骆”。

骆驼头小颈长，身体高大，毛褐色，背上有肉峰，耐饥渴，性温顺，食草和树叶，适于负重物在沙漠中长途跋涉，有“沙漠之舟”的美称。

与“驼”字相配的词不多，大都与骆驼有关，如：驼峰、驼绒、驼铃、驼鹿等。

由于骆驼的驼峰呈弯曲形，所以把脊柱向后拱起或因坐立姿势不正，或由佝偻病等疾病引起背部弯曲的人称“驼背”，也称“驼子”。

小篆

駝

隶书

驼

楷书

马蹄踢蛇头——驼

民国年间，在南京夫子庙文德桥头摆测字摊的胡铁嘴，不仅是测字行家，而且对这一带的社会关系也了如指掌。

这天午后，家住教敷营的马二爷来找胡铁嘴。马二爷气得脸色铁青，咬牙切齿地说："刘驼子欺人太甚，我恨不得一刀劈了他！"

胡铁嘴请他坐下，给他倒了杯茶，让他慢慢说。其实，即使他不说，胡铁嘴也已晓得了八九分。

马二爷跟刘驼子家只隔一堵墙。按理说，远亲不如近邻，可这刘驼子凶狠歹毒人见人怕，马二爷一直让着他，刘驼子却不领情，他在翻修大门时，竟将门楼造得又高又大，伸到刘二爷家门楣上了，这不是仗势欺人吗？马二爷要跟他打官司，就以刘驼子的"驼"字，要胡铁嘴测一下，这官司能不能打赢。

胡铁嘴按规矩写了个"驼"字，眯着眼说："二爷，活见鬼了，你无心说的这'驼'字真巧哇。你看，这'驼'字是'马''它'相邻。'马'字是你家，它字是刘家！"

马二爷气狠狠地说："我倒一百辈子霉，跟这条毒蛇住一起！"

胡铁嘴叫道："唷，给你说准了，古时这'它'就是蛇。你看这字形像不像蛇？上面三角头，下面是蛇腹、蛇身、蛇尾巴。"

马二爷不耐烦地说："不谈蛇，谈打官司！"

胡铁嘴说："'驼'字那半边'马'字不多说，要说就说这'它'字。'它'既是'虎'字头，又是'蛇'字尾，这就叫虎头蛇尾，这个官司打起来有头无尾。再说，'驼'与'拖'同音，'拖'者，拖延也，刘驼子买通官家，会将这事拖个不了了之……"

马二爷说："那我只好忍气吞声了？"

胡铁嘴说："也不见得。刘驼子那门楼破了对门徐老爷家风水。徐老爷三公子马上要调南京当公安局长了，他会收拾刘驼子的……"

说到这儿，胡铁嘴神秘地补了句："这就叫'马蹄踢蛇头'，说到底，还是你要测的'驼'字。"

马二爷听了，心领神会，呵呵地笑了。

口水唾到脸上

tuò

唾

小篆

唾

隶书

唾

楷书

小篆的“唾”字，是个左右结构的形声字兼会意字。左边的“口”字是形符，表示跟“口”有关。右边的“垂”字是声符，读“chuí”。这两个字形组合在一起，指口腔里分泌的液体，也就是“口液”。

在“唾”字中，“口”字指人的“口水”，所以“唾”字以“口”字为形符。古人为什么用“垂”字作“唾”字的声符呢？因为“垂”字有“垂直而下”及“从上而下”的意思。口水从人的嘴里吐出来，都是自上而下流的，所以“唾”字用“垂”字作声符并会意。

“唾”字的本义指“口水”，即“唾液”就是指人口腔中分泌的液体，统称“唾沫”或“口水”。

“唾”字由本义引申指“吐唾沫”。人的口水可以咽下去，也可吐出来。将口水吐到别人脸上，而这人忍住了，不反抗，这叫“唾面自干”。

人在吐唾沫时，往往要用点儿力气，将唾沫吐得远远的。伴随着这个动作，往往带有厌恶、看不起及愤怒的情绪，因此“唾”字又引申指“鄙视”。如：鄙视并抛弃叫“唾弃”；鄙弃、责骂叫“唾骂”；比喻别人无足轻重的言论或意见叫“唾余”。

“吐唾沫”，虽只是到万不得已，偶而为之，但这跟随地吐痰有相似之处，属不文明行为，每个公民应力戒这种不文明行为。

“唾手可得”的争论

无锡东门中学语文组的杨老师，这天上作文评讲课，才讲了没几句，就被同学们一阵阵议论声打乱了。起因是这样的：语文课代表、素有“小作家”之称的金一鸣，在作文中用了句成语“垂手可得”。杨老师指出：人家都用“唾手可得”，你怎么用“垂手可得”呢？“垂”字旁边的“口”字可不能少呀。金一鸣早有准备，他当即发言：“这个我知道，‘唾手可得’，就是往手上吐口唾沫，比喻非常容易得到。我认为，为什么还要吐唾沫呢？既然表示非常容易得到，我干脆什么也不做，两手垂放着，一动也不动，这不是更显得容易吗？”

同学们听了，交头接耳，认为言之有理。

杨老师没讲话，示意大家继续讨论。

小才女杨莎莉说：“人们干活时，往往先朝手掌上吐一点口水，这是个习惯动作，表示这个动作很简单。你不吐口水，表示没有这个动作，既然没有这个动作，怎么能体现出容易呢？”

一向稳重沉着的班长刘坤培说：“成语自古以来就形成了固定的模式，而且有不少还有典故、有历史故事，我们不应该随便改动。”

杨老师不失时机地说：“‘唾手可得’，原作‘拱手可取’，表示很容易得到，这个典故在春秋战国时就有了。后来有人把这说成‘唾手可取’。唾手，就是刚刚杨莎莉说的，往手上吐唾沫，是准备使力气的一种动作，实际上是说不费大力气就很容易办到。而金一鸣同学要求很高，他是要求两手垂直不动，一点儿力气也不花。后来这成语又说成‘唾掌而决’。‘唾掌’跟‘唾手’是一个意思，‘决’，就是决定胜负。到宋朝时又改成‘唾掌可取’，又作‘唾掌可得’。

“到了明朝，有位文人名叫文徵明，他在文章中用到‘垂手可得’，两手下垂，表示很容易得到。后来也有人用‘垂手而得’、垂手可取’。可见，金一鸣用‘垂手可得’也并不算错，但我主张规范化，用成语词典及《现代汉语词典》上通用的‘唾手可得’。”

杨老师这番话，引来同学们更热烈的争论声。

一字一世界

W

wā

蛙

会捉虫的青蛙

小篆的“蛙”字是个左右结构的形声字。右边的“圭”读“guī”，表示读音。左边的“虫”字是形旁，表示这个字与“虫”有关。

古代的“虫”字是昆虫的通称，也泛指动物。

“蛙”是个名词，本义就是指“青蛙”，俗称田鸡。青蛙属两栖动物，卵孵化后为蝌蚪，逐渐变化为青蛙。它没有尾巴，前肢短，趾有蹼，善于跳跃和泅水。青蛙捕食昆虫，保护庄稼，深受农民喜爱。

古人用“圭”作“蛙”的声符，是有道理的。“圭”字的本义指“上圆下方的宝玉”，而“蛙”的形状也是上圆下方，而且中间有花纹，“蛙”的外表也光滑有亮光，所以用“圭”作声符并会意。

蛙的种类很多，如：“雨蛙”、“牛蛙”等。青蛙是常见的一种。

青蛙善游泳，人们依照蛙的游泳姿势，俯卧水面，两臂对称地划水，两腿对称地屈伸蹬水，这样既省力、易持久，又游得快，实用意义较大，这种游泳姿势称为“蛙泳”。蛙泳是一项运动项目和比赛项目。

金文

小篆

蛙
隶书

蛙
楷书

宋·苏轼

元·赵子昂

《草书韵会》

青“蛙”蝌蚪全解放

几十年前的那场“文化大革命”，史称“十年动乱”。那是个摧残文化的年月，中国的教育事业，更是灾难深重。大批教师被剥夺教学资格，许多学校改由工宣队员或贫下中农给学生上课，教学质量可想而知了。

却说江苏南通一所中学，有位教化学的老教师，名叫周天，绰号“周化学”。他化学教得好，中文底子厚，是位博学多才的老先生。正因为博学多才，被当成反动学术权威，早早地就打成了牛鬼蛇神，被罚去冲洗厕所，打扫卫生。

这天，周老师在走廊扫地，旁边是初三（1）班教室，有位工宣队员正在上化学课。这名工宣队员讲到玻璃的主要成分时，把“二氧化硅（guī）”读成“二氧化蛙”，还让学生跟他齐声朗读。

周老师听了，感叹之余，脱口吟出对联一副：

二氧能化蛙，请问如何待蝌蚪；
一虫忽易石，不知怎样结姻缘。

这名工宣队员到其他班级上课时，也是将“硅”读成“蛙”，初中三年级的学生们都将“硅”读成“蛙”。于是校园里“蛙”声一片。周老师听了，心中很不是滋味，又写了一副对联：

二氧已化蛙，蝌蚪这厢已打倒；
一虫真易石，人妖哪里能分清。

十年过去，“四人帮”被打倒，一切恢复正常，周老师重新走上讲台。当他谈起过去的荒唐事，不由感慨万千，又作对联一副：

二氧已化硅，青蛙蝌蚪全解放；
一虫难易石，妖魔白骨尽除光。

三副对联，讲了“蛙”和“硅”的异同，叙述的却是一段不堪回首的往事。

盖在房顶上的瓦片

wǎ

瓦

小篆的“瓦”字是个象形字，其字形像屋瓦互相扣搭在一起的样子。这个字形指屋上的瓦，也就是盖在房顶上的块状建筑物材料。

瓦，是用土制作成坯，然后放进窑里用火烧制而成，所以也有人认为“瓦”字的本义是“烧制土器的总称”。后来，“瓦”字渐渐地引申指房顶上的“瓦”。

在宋朝和元朝时期，都市中的游乐场所和贸易场所，才被称作“瓦子”。有的史料称这些地方为“瓦舍”或“瓦肆”。可见当时一般人家用不起瓦来盖房顶，大多是茅草屋。后来这“瓦”字成了汉字的一个部首，凡是带有这个部首的汉字，大多都与陶器有关，如：瓷、瓶、瓮“wèng”之类。

古时将房子檐口瓦背上的滴水瓦的瓦头称“瓦当”；做砌砖盖瓦的工人称“瓦工”、“瓦匠”；破碎的砖头瓦片称“瓦砾（lì）”。

“瓦”是原始的纺锤。古人常把瓦片给女孩子当玩具，所以古时把生女孩称为“弄瓦”。

“瓦”字作动词用，比喻没有气节，苟且偷生，称为“瓦全”。如：成语“宁为玉碎，不为瓦全”。像瓦器碎裂一样崩溃或分解称“瓦解”。

“瓦”字也作姓氏用。

小篆

瓦

隶书

瓦

楷书

幸亏不是“瓦学士”

讲笑话，不仅仅是引人欢笑，活跃气氛，让人开心，而且也可陶冶人的情操，有时还看出一个人的道德修养。

元代有个文人元怀，他编写了一本书《拊掌录》，书中讲了不少笑话故事，其中有一篇，讲的是元代著名大学士石曼卿的事。

有一天，大学士石曼卿要到报宁寺去游玩，顺便去拜访住持大和尚。

报宁寺在城南，要穿城而过。仆人特地为他叫来一辆马车。石大学士坐上车后，与驾车的小伙子攀谈。这小伙子见是京城名人石学士，心情有点紧张，他顾不得回话，一手持马鞭，一手握缰绳，唯恐出了差错，怠慢了大学士。

越是紧张，越容易出事儿。车到市中心时，有条狗横穿大道，小伙子勒住缰绳，马儿受惊，马车失控，一下子撞上路边一根系马的石柱。石学士被抛出车外，摔倒在地。还算好，没受大伤，只是受惊吓而已。

地处闹市，行人纷纷围拢上来观看。车夫吓得不知所措。众人都以为大学士必然大怒，没料到，他爬起来，掸掸衣上尘土，对驾车的小伙子说：“我幸亏不是瓦学士，我是石学士啊。若是瓦学士，必定粉身碎骨矣。”

路人闻之，纷纷大笑。驾车小伙子忙扶石学士上车，再三陪不是。

石学士由自己姓石，联想到石头坚硬，经得起撞击。由此又联想到经不起撞击的建筑材料瓦片，于是发出“幸亏不是瓦学士”的感叹，彰显了这位大学士豁达大度又幽默风趣的人格魅力。

不正就是歪

wāi

歪

金文

小篆

歪

隶书

歪

楷书

金文的“歪”字，就是典型的会意字。不正，就是偏过去、斜过去了。所以“歪”字的本义为“偏斜”，跟“正”相对，如：歪斜、歪着、歪嘴、歪歪扭扭。

“歪”字由“不正”引申指“坏的、不正当、不正派”，如：歪风、歪曲、歪才、歪缠、歪道、歪理、歪点子、歪门邪道、歪风邪气。

[瓦当欣赏]

秦汉瓦当

不正“歪”者极多

明朝洪武年间，福建福清县有个孩子叫林大同。林家是大户，属书香门第。林大同的父亲是位饱学之士，从小就教林大同熟读诗书。这孩子七八岁时就能吟诗作对，在当地有“神童”之称。

这年春天，林大同随父亲和家人到郊外踏青赏花。出得城门，其父见农家小院都以一束束带刺的荆棘扎成一排作篱棘，以防鸡鸭进出。他想试试儿子近来学识有无长进，便以眼前所见，作一上联，要儿子对出下联。这上联是：

两束棘针，小大尖儿无数。

林大同听罢，四周看看，要续出下联，但一时找不到灵感。父亲也不催他，大家仍是边走边聊。走出一里多路，只见三辆马车装满了布匹迎面而来。当马车从林大同身旁驶过时，他心中不由一动，叫道：“爹，下联有了。我对个‘三车轰布，不正歪者极多’，你看可好？”

其父见眼前是三辆车（轰），车上装的是布匹，而且这些布匹堆得东倒西歪，极不整齐。儿子的下联将这一情景描绘得十分逼真，不由击掌叫好。

从联语角度看，这上下联都属析字释义联。上联“束”字与“棘”字不同。不捆为“棘”，捆而成一“束”。“束”字不细看下面那一横，又近似于半个“棘”字，所以这两个字形状相近，意思相联。“大”字与“小”字合成“尖”字，与前面“棘针”相应。下联“三车”（轰）合成“轰”（轰）字。“轰布”，指三车子布。“不”字与“正”字合成“歪”字，指的是车上堆的布匹东倒西歪，极不整齐。

父子俩上下联均构思精巧，用词准确，确实是一副佳联。

wài

外

甲骨文

金 文

小 篆

隶 书

楷 书

晚上占卜是例外

古代的“外”字是个指事字，也是个会意字。

甲骨文的“外”字由两部分组成。主要是一竖的“丨”，这也是一个字，读“gǔn”，属象形字，像一根竖着的棍子。隶变后写作“丨”，本义为“棍子”，当是“棍”字的祖先。在这个字的右上方有一斜笔，表示“越出界”。这越出界的地方就是界外，也就是外边了。金文的字形由甲骨文演变而来，左边是个“夕”字，表示夜晚，右边是个“卜”字，指占卜。两形合一，表示“边疆外有大事”，在这儿指例外的事，意外的事。因为古人习惯于早上占卜，只有发生意外的事才会在晚上占卜。小篆的字形由金文演变而来，隶变后写作“外”，成了个左右结构的会意字，指“外边”。

也有专家认为，“外”字由“夕”字和“卜”字组成，“夕”字指夕阳斜光，“卜”字指八尺卜竿。夕阳卜影，立竿门外。门是一道界线，分门里门外，外与里相反。这一说法，想象力丰富，似乎更具体了。

综上所述，“外”字的本义指“外边、外边的”，跟“内、里”相对，“外”字由本义引申指“本处以外的地方”，如：外地、外来、外流、外省、外乡、塞外。由此再引申指“外国”，如：外币、外宾、外商、外交、外文、外语、外资、国外、海外、中外等。

“外”字假借指“母亲、出嫁的姐妹、女儿家一方的亲属”，如外公、外婆、外甥、外孙、外孙女、外祖父、外祖母。

“外”字还假借指“不亲密、疏远”，如：外人、见外。还假借指“非正式的”，如：外财、外传、外号、外快。还假借指不在分内的，如：额外、分外。

“外”字还指“其他、别的”，如：除外、此外、另外。

金枝玉叶“外”来妹

汉字，本是用来表情达意、记录事理的，但我们的祖先，经数千年的精心打造，使之变成世界文化的明珠，中华民族的骄傲。汉字，不仅能交流思想，传承历史，它本身就是个审美对象，它还直接产生了书法艺术。此外，汉字还衍生了对联、字谜、绕口令等文学形式，由此又形成了丰富多彩的文字游戏，如变幻莫测的测字术，便是一例。这些雅俗共赏的游戏，让世世代代的子孙们乐在其中。

测字术奥妙无穷。这也是一门艺术啊，你千万别以“迷信”二字否定它。你将它与寓言、神话、童话、传奇故事、志怪小说、笔记小品同等看待，便会觉得妙不可言，从中受益。这就难怪起源于汉代，距今已两千多年的测字术，如今许多人还津津乐道，乐此不疲。不信，你到互联网上打开浏览器，输入“测字”二字，点击后，你会看到不少网友沉浸在测字欢乐中。其中有位名叫“唐堂汉子”的版主，还专门开了微博，结交了一大帮同好，探讨、挖掘、开发这门学问呢。他们要以这种寓教于乐的形式，传播汉字文化。

有位网友跟一位外来妹相识，这天，他以“外”字求测，请“唐堂汉子”指点，看能否确立恋爱关系。

“唐堂汉子”答复道：“恭喜你，小伙子，外来妹的‘外’字好哇。你看，右边的‘卜’字，像个一手叉腰、亭亭玉立的姑娘，这就是金枝玉叶之象啊。那一竖是金枝，旁边一点是玉叶。这姑娘气质不俗哇。再说这‘卜’字，上加一横成‘下’字。下加一横成‘上’字。这叫可上可下，可见她性情温和，属贤妻良母呀。”

网友回复：“我是测‘外’字，可不是测‘卜’字啊。”

“唐堂汉子”又解释：“‘卜’字左边加‘夕’字，这就成了外来妹。‘夕’与‘卜’相合就是晚上占卜。晚上占卜必有例外之事、意外之喜、额外之财，你外快多哩。这‘外’字，既有夜落金钱之意，又有金枝玉叶之象，值得你好好琢磨、好好珍惜呀。”

网友立即回复：“谢大哥，到时请你喝酒！”

wān

弯

小篆

彎

隶书

弯

楷书

拉弓待射——弯

小篆的“弯”字是个上下结构的形声字兼会意字。下面的“弓”字是形符，表示跟“弓”有关。上面的“䜌”字读“luán”，作声符并会意。

“弓”字和“䜌”字组合在一起，表示“将弓拉起，准备发射”。因是拉弓待射，所以“弯”字用“弓”字作形符。

古人为什么用“䜌”字作“弯”字的声符呢？

甲骨文的“䜌”字与“乱”字的本字同源。甲骨文是象形字，上下两只手，中间的架子上缠着丝，表示双手提起一团乱丝加以整理之意。金文大致如此。由于理丝之意不够明显了，金文便又加义符“絲”，以强调理丝；另加义符“口”，表示口中不断地说乱。小篆承接金文，中间误写为“言”字，这就成了“言乱如丝”了。隶变后的楷书写作“䜌”，作偏旁时简写作“亦”。这个“䜌”字既表示纷乱，又表示整治，还表示提起，还表示连续不断。为分化字义，古人将整治、混乱等意由“乱”来表示；纷繁、纠连之义由“䜌”来表示。因“䜌”字曾有过“整治”之意，而弯弓也有整弓的意思，所以“弯”字以“䜌”字作声符并会意。

楷书的字形由小篆演变而来，写作“彎”，现简化为“弯”。“弯”字的本义为“拉弓待射”，如：弯弓、盘马弯弓。由本义引申指“不直、曲”，如：弯曲、弯度。由上义引申指“使曲”，如：弯腰、弯成一圈。又引申指“曲折的地方”，如：弯道、拐弯、绕弯子、拐弯抹角、东绕西弯。

“弯”腰桃树倒开花

北宋大文学家苏东坡，虽一生坎坷，命途多舛（chuǎn），但他在杭州当知州那两年，却是诸事顺遂、心情舒畅的。当时，政敌们无暇顾及他，没找他麻烦，他跟好友佛印和尚相伴。两人常谈诗论文，吟词作对，喝茶聊天。

这天春暖花开，苏东坡跟佛印和尚在西湖散步。湖岸边绿柳成行，桃花盛开，放眼望去，一棵柳树一棵桃，难怪人们用桃红柳绿来形容春之美景了。

苏东坡与佛印来到桃园，但见一棵棵桃树，或立或偃（yǎn），每一棵叶茂花红，落英缤纷。小黄蜂扇着翅膀，或嗡嗡嗡穿行其间，或倒挂于花蕊，仰采花蜜，此种景象，真个是令人心醉。苏东坡忍不住口占一上联：

弯腰桃树倒开花，黄蜂仰采。

十一个字，写出了眼前美景。最传神的是桃树“弯腰”，把桃树比做人，腰弯了下来，树上的桃花一朵朵倒开，采蜜的小黄蜂也就只能仰着头采蜜了。

佛印和尚心领神会。他环顾四周，寻找下联的对句。他想起去年夏日在此看到的情景，当时西湖边荷叶满湖，莲花盛开，娇艳动人，远处湖滩上一只白鹭引颈相望，怡然自得。他将这些情景在脑海里又重现了一遍，吟道：

歪头莲蓬斜结子，白鹭旁观。

好个佛印大和尚！他这下联对得何其工巧啊！“歪头莲蓬”对“弯腰桃树”。“莲蓬”是头，这头不仅大而且又重，只能歪到一边了，这与桃树弯腰有异曲同工之妙。“斜结子”与“倒开花”相对，一“斜”一“倒”，都是指方位和状态。白鹭在一旁观看，跟黄蜂仰头采蜜相对，上下联对得天衣无缝，丝丝相扣。

苏东坡听了，连声称妙。

用刀曲折地挖——剜

wān

剜

小篆

剜

隶书

剜

楷书

小篆的“剜”字是个左右结构的形声字兼会意字。右边的“刂”指“刀”，作形符，表示跟刀有关。左边的“宛”字读“wǎn”，作声符并会意。

“宛”字与“刀”字组合，指“用刀曲折地挖”。因是指用刀挖，这跟“刀”字有关，所以古人用“刀”字作“剜”字的形符。

古人为什么用“宛”字作“剜”字的声符呢？

小篆的“宛”字是个形声字兼会意字。上面的宝盖头表示房屋居室，在这儿指“宫殿”。下面的“夗”字读“yuàn”，是个会意字，指曲身侧卧，又读“wān”，引申泛指“屈曲蜿蜒”。因“夗”字后来作了偏旁，古人又造了个“宛”字表示曲身侧卧，也有“弯曲”之意。宫殿深远曲折，也有弯曲之意。而当人们用刀挖时，需要曲折行刀，特别是用刀“剜”这个动作，有左右上下行刀的意味，所以古人用“宛”字作“剜”字的声符。

楷书的字形由小篆演变而来，写作“剜”。

“剜”字的本义指“用刀挖”，如剜肉。成语“剜肉补疮”，指用刀挖下自己身上的肉来补伤口，比喻不顾后果，暂救眼前之急，也称“剜肉医疮”。“剜”字表示用刀子挖，如：剜野菜。“剜眼剥皮”，是指一种残酷的刑法。

“剜”和“剜肉补疮”

汉语里有个成语叫“剜肉补疮”，指只顾眼前，而用有害的方法来急救。

说起这一成语，还有段诗词故事。

唐朝有位诗人，名叫聂夷中。他写了首诗《伤田家》，以满含同情的口气，写出了当时农民深受剥削、无法生存的悲惨境地，并且以恳切的语调，请求帝王能顾及到百姓的疾苦。

原诗是五言八句，通俗易懂：

二月卖新丝，五月粜（tiào）新谷；
医得眼前疮，剜却心头肉。
我愿君王心，化作光明烛；
不照绮罗筵，只照逃亡屋。

这首诗的大意是：

二月里蚕种才生，还没有吐丝，哪里有丝卖？五月秧苗刚刚插，哪里有粮食卖？这是农民被逼无奈，只好将未产出的农产品先贱价抵押出去，维持眼前的生活。这些用血汗换来的丝与谷，是一年的衣食，是心头的肉啊，但是被迫卖掉了，顾得了眼前的困境，接下来怎么生存呢？只有逃亡他乡，乞讨为生啊。所以诗人发出了“我愿君王心，化作光明烛”的感叹，表达了他改良现实的愿望。希望帝王不要只顾富豪们的豪华筵席，而要看到因无法生存而流落他乡的农民。他们一个个逃亡了，只剩下一座座空空如也的破屋。

后人将这首诗的内容，概括为成语“剜肉补疮”。这四个字入骨三分地揭示了农民遭受盘剥、无法生存的血淋淋的事实，读来令人刻骨铭心，因而成为千古传诵的名句。

圆满无缺——完

wán

完

小篆的“完”字是个形声字兼会意字。上面的宝盖头是形符，表示跟房屋居所有关，下面的“元”字是声符，读“yuán”。两形合一，表示“圆满、没有缺损”。隶变后的楷书写作“完”。

宝盖头有房屋室内的意思。人们依赖于房舍，以求保温、防止野兽伤害，这样才能保证安全完好。所以“完”字以宝盖头作形符。

古人之所以用“元”字作“完”字的声符，因为“元”字强调有头部的人的形体才是完整无缺的，如若少了最重要的头部，就是最大的不完整。所以“完”字以“元”字作声符并会意。

也有人单纯从会意字角度来理解“完”字。上面的宝盖头表示官，下面的“元”字也属官。拿人当官作比喻，如若当到元君、元始、元首、元帅这一级，那就是至高至尊的地位了，因为这已经很齐全很完整，再向上已经没有比这更高的了。所以“完”字有完整、完备、完了的意思。这种解释，不无道理。

“完”字的本义指“房屋修建得完好无缺”。由此引申指“圆满、齐全”，如：完备、完好、完满、完美、完全、完人、完善、完整、完璧归赵。

“完”字由“圆满、齐全”假借指“尽、终了”，如：完毕、完结、完事、卖完、用完。由此引申指“完成”，如：完工、完婚。

“完”字还假借指“交纳”，如：完粮、完税。

小篆

完

隶书

完

楷书

见官才能完

苏北阜宁县的胡德先，勤奋好学，脑子灵活，加上爱看书，能上网，所以见多识广，周围四乡八镇的人，碰到疑难事，总喜欢找他商量。他也常借解字测字这方式，为人出点子，拿主张，因此在村民中颇有声望。

却说张吴村有位种水果的专业户，名叫吴荣喜，他为人忠厚，从不惹是生非。

世间事，也不尽是由得你，正所谓“树欲静而风不止”。安分守己的吴荣喜，却惹上了一场官司。

事情是这样的：吴荣喜将一吨水果卖给了县城水果批发商王大海。此人蛮横无理，仗着在县城有钱有势，常干欺行霸市的事，他竟说那一吨水果质量太差，卖不出去，拒付货款。吴荣喜自认倒霉，上门去找王大海退货，王大海非但不答应，还扬言：“就是跟你玩一把。”这下吴荣喜急了，来找胡德先商量。

胡德先劝他：“这好办，到法院告他嘛！”

吴荣喜苦巴巴地说：“打起官司来，没完没了，能赢吗？”

胡德先当即写了个“完”字说：“我就来给你测个‘完’字吧。你看这‘完’字上面是个官帽啊，这就叫见官才能完。你不打官司，王大海就不给钱。再说这‘完’字下面的‘元’字，看上去像‘允’许的‘允’字，这说明你跟他讲理他不允啊。”

吴荣喜说：“他说要跟我玩一把呐！”

胡德先说：“别怕他。他姓王有什么了不起，国家还有王法呢。这‘王’字加‘元’字就成‘玩’字，他把王法当儿戏，这就叫‘玩完’。他打官司必输！”

吴荣喜听了，鼓起了勇气。胡德先借着“完”字又补了句：“这‘完’字里的‘元’字，上面是六字头，下面是九字尾，依我看，这场官司可在六月至九月之间打赢！”

吴荣喜听罢，当即就请胡德先当他的代理人，向县人民法院控告王大海。

wán

玩

摆弄玉石——玩

小篆的“玩”字是个左右结构的形声字兼会意字。左边的“王”是形符，表示跟玉石有关。右边的“元”字是声符，读“yuán”。这两个字形组合在一起，指“摆弄玉石”。既是摆弄玉石，那就跟玉有关，所以古人用“王”作“玩”字的形符。

古人为什么用“元”字作“玩”字的声符呢？

有个字“翫”，读“wán”，据说最早是“玩”字的异体字。这个字里有个“習”，是“习”字的繁体字，表示小鸟在阳光下学习飞翔。小鸟在飞翔时会有上下翻腾自由自在的动作，这就有摆弄本领之嫌。而一个人玩弄玉也有摆弄显摆之义，所以古人用“翫”字简省的写法“元”字，作“玩”字的声符并会意。但此说有些牵强，多数人将“玩”字作形声字看待。因为这“翫”字只是个异体字，后来被“習”字所取代了。

楷书的“玩”字由小篆演变而来，写作“玩”。

“玩”字的本义为“摆弄玉石”。由这本义引申指“用不严肃的态度来对待”，有轻视、戏弄的意味，如：玩弄、玩世不恭、玩花招。干冒险的坏事儿称“玩火”，这就是成语“玩火自焚”。

“玩”字由本义引申指“欣赏”，如：玩赏、玩味、把玩、玩物丧志。由此又引申指“供欣赏的东西”，如：玩物、古玩、珍玩。由本义又引申指“从事某种文娱活动”，如：玩具、游玩、玩球、玩耍、吃喝玩乐。

玩
小篆

玩
隶书

玩
楷书

“玩一把”和“玩完儿”

却说沈阳祥和路有两户人家，门靠门，王家的孩子叫王中大，元家的孩子叫元守业。两人从小在一起玩大。街坊邻居们都不看好这对小兄弟，说他们身上有股邪气，才上初中，就拉帮结派，争强好斗，满嘴脏话。

时光荏苒（rěn rǎn），转眼几年过去，王、元两位少年已成了大小伙子，他们没考上大学，也没正当职业，成天游荡于街头，父母也管不了他们，两人就投靠当地黑老大，加入了帮派组织。待羽毛丰满，两人自立门户，在祥和路一带称王称霸，把个和祥安宁的社区搞得乌烟瘴气。一切就如已搬走的老者所说，这两个玩家祸害一方了。

王中大和元守业占地为王。王中大的口头禅是“我要跟你玩一把”，这句话充满挑衅，暗藏杀机。每当与人发生矛盾时，他就放出这句狠话，然后就付之行动，或是使阴招，暗损对方；或是明火执杖摆场子，动刀动棒，常常打得头破血流，为此被拘留过。

元守业的口头禅是“我跟你玩完了”。这是东北方言，一是指人去世了；二是指事情没有达到预期的目的。元守业这样说，不无威胁恐吓之意。事实上，他心狠手辣，常对人下毒手。

这两人后来共同贩毒，因分赃不均，反目成仇。一个扬言“我要跟你玩一把”，一个回答“我跟你玩完儿”。于是各自带人在街头械斗。冲在前面高呼“我跟你玩完儿”的元守业被乱刀砍死。王中大咬牙切齿高喊“我要跟你玩一把”时，被一把匕首刺瞎眼睛，后被判十五年徒刑。社区网页上有网友报导了此事，还加上两行大标题：

跟你玩一把，玩火必自焚。
跟你玩完儿，真的玩完了。

网友纷纷点赞，还有不少跟贴，都深有感慨，说这“玩”字笔画虽不多，但份量却很重。左边是“王”，右边是“元”，都属重量级，是天字第一号。也有人说，玩一定要遵守游戏规则，否则就是玩命儿。

头脑迟钝愚蠢——顽

wán
顽

小篆的“顽”字是个左右结构的形声字兼会意字。右边的“页”字作形符，表示跟头部有关。左边是“元”字，读“yuán”。作声符并会意。

“元”字与“页”字组合，指人的头脑迟钝愚蠢。因是指人的头脑不聪明，这跟头部有关，所以古人用“页”字作“顽”字的形符。

古人为什么用“元”字作顽字的声符呢？

甲骨文、金文及小篆的“元”字都是指事字。下面是“兀”字，读“wù”，与“元”同源。上面加一横指人头顶已削去了头发，表示头顶光秃之意。“元”字是在“兀”字上再加一短横，指明头的部位。“元”字的本义指“人头”，所以用“元”字作“顽”的声符。

楷书的字形由小篆演变而来，写作“頑”，后简化为“顽”。

“顽”字的本义指“头脑迟钝愚蠢”。如：没有气节、不锋利、很愚笨称“顽钝（dùn）”。昏庸顽钝，愚钝无知称“冥（mín）顽”。愚昧而顽固称“愚顽”。顽固无知，顽皮不顺从称“顽劣”顽石、顽铁、愚顽、顽石点头、冥顽不灵等词语中的“顽”都有愚蠢无知之意。

“顽”字由本义引申指“固执、守旧”。如：十分顽固称“顽梗”；思想保守落后，坚持某种立场不肯改变称“顽固”；顽固地抗拒称“顽抗”；顽固或顽抗的敌人称“顽敌”；强硬不屈服称“顽强”；还有顽凶、顽癣、顽症、刁顽、负隅顽抗等词语。“顽”字还假借指“淘气、调皮”，如顽皮的儿童称“顽童”。

小篆

頑
隶书

顽
楷书

“顽”和“顽石点头”

“上有天堂，下有苏杭”。在美丽的苏州城外，有座著名的风景名胜虎丘山，此山虽不高，但名气大，古迹多。特别是山脚下的剑池和“千人石”，最有名气。

这“千人石”，又名“生公石”。相传是生公说法的地方，如今成了古迹。

生公姓魏，是晋朝时一位高僧，又名道生。

道生的师傅名叫法汰，来自天竺“zhú”，即古印度。当地人称他为“竺法汰”，因此道生以竺为姓，成了“竺道生”，但大多数人都称他“生公”。

生公曾在江西庐山住过七年，潜心钻研佛经。写过不少论文，但同道们大多不认可他的观点，因此他很失望。其间他也曾到北方游历，宣传他的理论，但响应者寥寥无几，他只得返回苏州虎丘，在这儿度过了孤独寂寞的晚年。

生公年老，住在虎丘寺庙里，仍然不忘宣传他钻研的那套理论。他想宣讲这些理论，但无人愿意来听。他没奈何，便以剑池边的小广场为讲堂，从山脚搬来一块块大石头，一排接一排地放整齐，他把这些石头当听众，对着它们讲经说法，阐叙自己的理论和观点。他讲得很认真，很投入，可谓声情并茂，达到忘我的境界。每当讲到紧要处，他还会提醒石头们：“注意了，此话一定要牢记，切莫当儿戏。”有时还会问石头们：“这一观点你们听懂了吗？你们认为我说得对吗？”

生公在这小广场上，面对石头，天天讲，而且越讲越有激情，石头们无不为之感动，常常连连点头，表示认可。这就是“生公说法，顽石点头”。

这里的“顽石”，指不易开导，十分固执。“顽石点头”就是说，连笨拙的顽石听罢都点头了，可见讲解者水平高超，讲解得多么生动感人了。所以后人用“顽石点头”来形容道理讲得十分透彻，令人信服。

日落之时——晚

wǎn

晚

小篆的“晚”字，是个左右结构的形声字兼会意字。左边的“日”字是形符，表示跟太阳有关。右边的“免”字是声符，读“miǎn”。这两个字形组合在一起，指太阳落山后的一段时间。因为是跟太阳有关，所以“晚”字以“日”字作形符。

古人为什么用“免”字作“晚”字的声符呢？因为“免”字有“去除、免除”的意思。而“晚”指落日西坠，隐没在地平线下，这样“日”就有被除去的意思，所以“晚”字以“免”字作声符并会意。

隶变后的楷书写作“晚”。

“晚”字的本义指“日落以后，黑夜之前”，如：晚班、晚安、晚报、晚饭、晚车、晚会、晚宴、晚霞、傍晚、当晚、今晚、夜晚、早晚、昨晚、一天到晚等词中的“晚”都是指日落之后的时间。

“晚”字由本义引申指“时间靠后的”。如：晚年的节操称“晚节”；老年时期称“晚年”；最后阶段称“晚期”；秋季的末期称“晚秋”；日落时出现的云霞称“晚霞”。由此又引申指“迟”，如，晚到、晚稻、晚点、晚冬、晚婚、晚熟、大器晚成等。由此还引申指“后来的、小辈”，如：晚辈、晚娘、晚生。一个朝代或一个时代的最后时期称“晚世”。

“晚”字也作姓氏用。

小篆

晚

隶书

晚

楷书

有趣的“离合诗”——晚

“离合诗”指的是用拆字的方法写成的诗，这是一种古老的汉字游戏。最早的“离合诗”是后汉时期孔融所作，魏晋时期的潘岳、南北朝时期的谢灵运等著名诗人、大文学家，都有“离合诗”问世。

晚唐诗人陆龟蒙写了《闲居杂题》五首离合诗，这些诗有个特点，都是将诗句中前一句末尾的字与后一句开头的字合起来，组成另一个字，再用这些字组成诗的题目。如：

闲来依杖柴门口，鸟下深枝啄晚虫。
周步一池销半日，十年听此鬓如蓬。

这首诗名为《鸣蜩早》。“蜩”读“tiao”，指“蝉”。此诗将第一句末尾的“口”字和第二句首句的“鸟”字合成“鸣”。第二句末尾的“虫”字和第三句首字“周”字合成“蜩”。第三句末尾的“日”字和第四句首字“十”字合成“早”字，组成诗名《鸣蜩早》。

晚唐诗人皮日休用拆字法写了五首和诗，其中有一首《晚秋吟》十分有名：

东皋烟雨归耕日，免去玄冠手刈禾。
火满酒炉诗在口，今人无计奈侬何。

诗中“日”与“免”合成“晚”，“禾”与“火”合成“秋”，“口”与“今”合为“吟”，三字连成诗名《晚秋吟》。

不仅诗有“离合体”，词也有“离合体”。北宋著名词人黄庭坚所作《两同心》，其中有两句：“你共人，女边着子，怎知我，门里挑心。”“女边着子”是“好”字，“门”里挑“心”是“闷”字。南宋诗人吴文英写的《唐多令》中有两句：“何处合成愁，离人心上秋”。将“愁”字分解为“心上秋”，用的也是拆字法。

wàn

万

甲骨文

金文

小篆

萬

隶书

万

楷书

万字原指大蝎子

简写的“万”字只有三画，繁写的“万”字有十二画。甲骨文中的“万”字就像一幅图画，画的是一只巨型的蝎子。这只蝎子头部伸出两个钩角，像钳子一样锐利。中间是身段，下半段是尾巴。不用说，这是个象形字。

有人猜测，古代中原一带，这种带毒的虫儿随处可见，成千上万，所以“万”字的本义是指“蝎子”。这个说法，不无道理。繁写的“万”字，上面是草字头，当中是“田”字，下面是“虫”字，泛指虫子。尽可理解为草地或田间的虫子。这些虫子的数量多得数不胜数，就被假借用来作数词，十千为一万，表明极其多。后来又引申为极其、非常、绝对的意思，这样便有了万分、万恶、万般、万水千山、万无一失、万不得已这些词。

“万”字也是百家姓中的一个姓。

汉《礼器碑侧》

唐太宗《晋祠铭》

宋·范成大

笨少爷写"万"字

从前有个财主，请了位先生，来教他的笨儿子认字。

第一天上课，先生用毛笔在纸上写了一横，说："记住，这个字念'一'。"笨少爷点点头，跟着也在纸上写了一横。

第二天，先生在纸上写了"二"字，说："记住，这个字念'二'！"少爷说："记住了。"

第三天，先生又在纸上写了个"三"字，说："这是'三'！"笨少爷看了，顿时乐起来，原来写字如此简单，只要在一字上面加横就行了！想到这儿，他连蹦带跳地跑到财主面前，连声嚷着："爹，我学会写字啦！"

财主信以为真，一边夸奖儿子，一边就把先生打发走了。

一天，财主打算请一位姓"万"的客人吃饭，就叫儿子写封信。笨少爷一头钻进屋里，整整三天没出门一步。

财主心里奇怪，心想这信怎么这么难写呀！于是便跑到儿子的书房，只见桌上地下铺满了纸，每张纸上画的全是"一"字。财主吓了一跳，忙问："儿呀，你这是在干什么？"笨少爷头也不抬地回答："都怪你，非要请什么姓'万'的，害得我三天三夜也没休息，写到现在也才写到八千九百九十九……"

财主听了，气得干瞪着两眼，一句话也说不上来。

水深而广的汪洋大海

wāng

汪

甲骨文

金 文

小 篆

汪

隶 书

汪

楷 书

古代的“汪”字，是个左右结构的形声兼会意字。左边的“水”为形符，表示与水有关。右边的“王”是声符，读“wáng”。两形合一，意思指水深而又广的样子。

古人为什么用“王”字作声符？因为这“王”字是“往”字的本字，有草木茂盛的意思。水深而广，就是指水极其丰盛，所以用“王”字作声符并会意。后来这个字被“王”所代替而成“汪”。

“汪”字的本义为“水深而广”，如汪洋大海、汪洋一片。

“汪”字由本义引申指“液体聚集在一个地方”，如水汪汪、泪汪汪，路上汪了许多水。

“汪”字在方言中作动词用，如在苏北农村，水牛浸在水塘里叫“牛打汪”，即牛在水塘中翻动身子。

“汪”字也用于表示液体的量词，如：一汪水。

“汪”字也作象声词，形容狗的叫声。

“汪”字也作姓氏用。

《说文古籀补》

明·董其昌

明·解祯期

三王为汪

文人雅士在一起聚会时，往往喜欢谈古说今，探讨诗词文章。也有人喜欢吟诗作对，各显才华。其中许多即兴之作，显示了这些饱学之士丰富的历史知识和极高的文化素养。不少佳作流传到今日，很值得我们学习鉴赏。

却说清朝咸丰年间，湖南安福（今临澧）有位进士，名叫黄道让。此人熟读诗书，知识渊博，出口成章。这天，他应邀到常德知府汪敬成府上作客，在座的有位姓罗的客人。因为大家都是熟人，谈话时也便无拘无束了。汪知府笑着说："今日罗先生来了，黄兄也到场。我忽然想到个上联，不知二位能否续出下联？"

罗、黄二位拱手道："汪大人请讲。"

汪知府看着姓罗的客人，吟道："四维为罗，东西南北之人也。"繁体的"罗"字写作"羅"，可拆解为"四"字和"维"字。旧时姓"罗"的皆称为"四维罗"。

黄道让几乎未加思索，脱口而出："三王为汪，禹汤文武之后欤。"

上下联均以姓氏开端。"三王为汪"对"四维为罗"，"禹汤文武之后"对"东西南北之人"，末句语气词"欤"对"也"。特别精妙的是以夏、商、周三代中的明君禹、汤、周文王、周武王来对四方之人，内涵与技巧都相当精妙，历史知识的运用，更是信手拈来，恰到好处，真令人拍案叫绝。

［瓦当欣赏］

战国画像瓦当

逃跑的亡命之徒

wáng

亡

甲骨文

金文

小篆

亡

隶书

亡

楷书

人们对“亡”字有不同的解读。有学者认为，甲骨文的“亡”字同“臣”字一样，都是侧目之形，就是侧着眼睛看。只是“亡”是没有眼珠的“臣”，本义指“盲”，即“瞎子”，这是“盲”字的本字。至于“逃亡”之义，那是它的引申义，而不是本义。

也有学者认为，甲骨文的“亡”字既是个象形字，也是个会意字。字形由“人”字和“乚”字组成。“乚”字读“yǐn”，本来指木工用的曲尺，后来指迂回曲折非常隐蔽的地方，用在“亡”字里指人躲藏在一个不为人所发觉的隐蔽的角落。

金文的字形由甲骨文演变而来。小篆的字形由金文演变而来。隶变后的楷书写作“亡”。

“亡”字的本义指“逃跑”，如：逃亡也称“亡命”、“流亡”，这就是“亡命之徒”。

“亡”字由本义引申指“失去”，如：亡羊补牢、散亡、亡失。

“亡”字由“失去”，引申指“死去、死去的”，如：亡故、亡灵、亡魂、丧亡、死亡、阵亡、夭亡等。

“亡”字由“死亡”又引申指“灭掉”，如：灭亡、存亡、亡国、败亡、覆亡、沦亡、危亡、消亡、兴亡等。

存“亡”两妇人

西汉时期有位著名的军事家名叫韩信。父母没给他留下产业，只留了一把宝剑。成年后，韩信带剑投奔项羽。他多次献策以求重用，但项羽都未采纳。刘邦率军攻打蜀地时，韩信离开项羽，投奔刘邦。此时，各路反秦的军事集团都已纷纷瓦解，只剩下刘邦与项羽这两家争夺天下了，史称“楚汉相争”。

刘邦收留了韩信，但也未重用，只派他当了个迎宾的小官。就在这时，韩信认识了刘邦的谋臣萧何。两人倾心交谈，萧何认为韩信有雄才大略，是位将才，便极力向刘邦推荐，但刘邦并不看好。有一次韩信口出狂言，得罪了刘邦，差点被杀，后经监斩官搭救，才免于一死。韩信无心再待下去，当夜便溜走了。

萧何得知韩信出走，连忙骑上快马追赶而去，终于将他劝回，这便是“萧何月下追韩信”的来历。追回韩信，萧何再次向刘邦推荐，刘邦被说服，以隆重典礼，拜韩信为大将军。

韩信不负所望，他运筹帷幄，也冲锋陷阵，短短几年，帮刘邦打下半壁江山。刘邦称帝后，封韩信为淮阴侯。但刘邦对这位功高权重的军事家很不放心，削了他的军权，防他谋反。汉高帝十年，刘邦率军远征，韩信称病未出。有家臣密告刘邦，说韩信有谋反意图。刘邦便让坐镇京城的吕后利用萧何，将韩信骗至长乐宫，由埋伏的刀斧手将韩信擒获，立即斩首。

韩信死后，葬于今日安徽霍山县韩侯岭。墓前有韩信祠堂，堂前竖两声码石柱，刻有一副对联：

生死一知己，
存亡两妇人。

看罢以上这段文字，读者诸君当可明白，上联“生死一知己”，指的是萧何。“存亡两妇人”指的是救过他的漂母和杀了他的吕后。

韩信因萧何鼎助而封淮阴侯，又因信任萧何而中计进宫被杀，这就是“成也萧何，败也萧何”。

wáng

王

甲骨文

金 文

小 篆

隶 书

楷 书

胸前佩玉的人——王

“王”字在发展过程中有两个不同的字形。甲骨文的“王”字是胸前佩戴玉的人形。在原始氏族社会中，男性身上常戴着玉，玉的大小、材料、品质代表这个人在族群中的等级。因此，“王”、“玉”的原字同形，这两个字在古代有着实质性的联系。

甲骨文“王”字的字形是刃部向下的大板斧。金文和小篆的“王”字与甲骨文略有不同，下端的斧刃更像实物。随着字体演变，大板斧拉直成了一横，“王”字就成为今天的样子。

在原始社会，“王”是男性首领的专称。随着时代的发展，“王”由氏族社会部落首领的称号，演变为居于首位的统治者的称号。如古代诗句“擒贼先擒王”，是说捉贼要先捉贼的首领。

秦汉以后，帝王改称为皇帝，“王”就成为封建皇族或功臣封爵的最高项，如：“诸侯王”、“亲王”、“郡王”等等。

“王”也指“在某个领域、某一方面取得成就的人”，如：故事大王、象棋大王等。“王”一般作为名词，但有时也作为动词使用。

“王”用作动词时多用于古代汉语中，读第四声。

“王”字还作姓氏用，是中国使用人数最多的姓氏之一。

朱元璋插刀测字——王

明朝开国皇帝朱元璋，当年领兵南下时，在镇江南门外遇到一个江湖术士。他听说这个术士在江南一带非常有名，朱元璋很想让他为自己测个字。今日见到了，他便下马走了过去，请他测字。

术士虽然不认识朱元璋，但见他气度不凡，猜想一定是个贵人，便让朱元璋出一个字。

朱元璋想了片刻，忽地从腰间拔出一把刀，往地上用劲一插，说："就用这把刀测吧！"

术士一见，这刀尖插进土里，刀柄留在外面，只剩下握刀的把手，这个把手像个一横，于是心生一计，连忙"扑通"一声跪了下来，口中念道："大王在上，请受小人一拜。"

朱元璋一愣，忙问："你这是什么意思？"

术士答道："刀插在地里，刀柄在外，这把手如一横。现在只剩下个'一'，而地为'土'，这'土'上加'一'不正是个'王'字吗？大人是真龙天子呀！"

朱元璋听罢，乐得哈哈大笑，当场重赏了这个见貌辨色又会奉承的术士。

用绳线编织捕鸟兽的网

wǎng

网

甲骨文

金文

小篆

網

隶书

网

楷书

甲骨文的“网”字是个象形字，字形就像一张用绳线编织而成的、用来捕鸟兽的网。

金文的“网”字将甲骨文的字形简化，好像两个对立的三角形。小篆使其整齐化。隶变后的楷书写作“网”。后来，楷书的“网”字作偏旁用，但作偏旁用时字形有所变化，写作“罒”，也写作另外几种形式，凡从“网”取义的字都与鱼网等义有关。“网”字也可单用。

楷书的“网”字作了偏旁后，古人就在“门”里面另加“亡”字作声符，写作“罔”字加以区别。后来这“罔”字也作了偏旁，古人又在左边另加义符“糸”字，写作“網”。这样就成了一个左右结构的形声字兼会意字。这个字在当时属于俗体字，但作为繁体字使用了很长一段时间。1955年简化为“网”，这样就又回到五千多年前甲骨时代的网。

“网”字的本义为“用绳线编织的用于渔猎的器具”，如：渔网、拖网、漏网、网开一面。“网”字由本义引申指“像网的东西”，如：网巾、网球、网袋、网篮、情网、蛛网、火网、天罗地网、法网恢恢、网罗天下等。

“网”字由本义引申指“用网捕捉”，如：捉鱼称“网鱼”。

“网”字由本义还引申指“像网一样的组织或系统”，如：网络、电网、交通网、通讯网。

“网”字还假借指“搜罗”，如：捕鱼的网和捕鸟的罗称“网罗”。比喻束缚人的东西。也指从各方面搜录招聘人才，这就是“网罗人才”。

蜘蛛有“网”难落雀

在历代民间故事中，都有关于小神童的故事，将那些十岁左右甚至更年幼的孩子，说得聪颖过人，神乎其神。这里有夸张的成分，但确实也有才华出众，天资聪明，或在某一方面具有特长，表现十分突出的孩子。看来他们具有最强大脑，不是一般人所能企及的。

却说清朝乾隆年间，四川德阳县就出了位聪慧过人的小神童，名叫李调元。据说他七八岁时，便出口成章，吟诗作对，更是不在话下。就连教他的私塾老先生，也不在他眼内。

说不把老师放在眼内，也是李调元说的一句孩子气的话。那天老师背一首唐诗，因年老记忆力衰退，将下半段忘了，经李调元提示，老先生才接着背下半段。回家后，李调元就对父亲说，老师还不及他呢。

孩子的成长，离不开老师的教导和父母的培养。李调元的父亲已看出，一种自满情绪已在儿子身上潜滋暗长。为了让李调元牢记戒骄戒躁，他经再三斟酌，写了副对联，挂在书房门口。

蜘蛛有网难落雀，
蚯蚓无鳞欲成龙。

这副对联，上下极为工整。蜘蛛对蚯蚓，这两个都属动物，两个名称四个字，用的都是虫字旁；接着是“有”对“无”；跟着“网”对“鳞”，“难”对“欲”，“落”对“成”，最后是“雀”对“龙”。

上联讲的是蜘蛛虽然，会织精巧的网，但只能网住小虫儿，却网不到鸟雀。下联讲蚯蚓虽然没有鳞，但却想变成龙。

综观上下联，一是讲尺有所短，寸有所长，人也是这样，各有各的长处和短处。二是讲人有雄心大志是美好的，但也要有实际本领，有了实际本领，仍然要谦虚谨慎，看到自己的不足，就像蜘蛛有网，难以网住麻雀一样。

弯曲不直的木材——枉

wǎng

枉

小篆的“枉”字是个左右结构的形声字兼会意字。左边的“木”字作形符，表示跟树木或木料有关。右边的字形是“㞷”字。这个字读“wǎn”，作声符并会意。

“木”字与“㞷”字组合，指弯曲不直的木材。因指的是木材，所以“枉”字用“木”字作形符。

古人为什么用“㞷”字作“枉”字的声符呢？

对这个“㞷”字，学界有不同的看法。有人认为，甲骨文和金文的“㞷”字是“前往”的“往”字的本字，本义指“前往某个目的地”。隶变后的楷书写作“往”。

也有学者认为，《说文解字》中许慎的解释是：“㞷”，草木妄生也，从之在土上。认为这个字的意思是草木破土而出，疯长。“疯长”就是快速生长。草木疯长必失正，不直，所以古人用“㞷”字作“枉”字的声符并会意。

楷书的字形由小篆演变而来，隶变后写作“枉”，变成了以“木”为形符，以“王”为声符的左右结构的形声字。

“枉”字的本义指“弯曲不正的木材”。由本义引申指“弯曲、不直”，如：“矫枉过正”，指矫正了弯曲的物体超过了限度，使物体又弯向另一方。这里的“枉”指“弯曲”。“枉”字又引申指“使歪曲”，如：执法的人歪曲和破坏法律称“枉法”。

“枉”字由本义假借指“受屈、冤屈”，如：无罪被冤为有罪称“冤枉”。“枉”字又假借指“徒然，白白地”，如：枉费心机、枉然。“枉”也作谦词，指让对方委屈，如“枉顾”和“枉驾”都是敬词，称对方来访自己。

小篆

枉

隶书

枉

楷书

雄鹰"枉"叫三声

古代皇帝对科举考试极为重视，对科考作弊的处罚十分严厉。例如清朝咸丰年间，顺天科场发生了舞弊案，当时清政府要对付太平天国运动，政权相当危急，但咸丰皇帝仍然亲自过问这件事，他下旨彻查，结果主考官柏骏被砍头示众，凡牵连到的考生和大小官员一律流放。皇帝虽然抓得这么紧，但要刹住舞弊风却非易事。考场上各种作弊手段五花八门，请人代考的，夹带书本的，在外传递的，偷窃考题的，贿赂大小官员的……真是无奇不有。科考中，危害最大的，是有权势的高官上下勾结操纵评卷，以达到自己谋私的目的。如南宋初年的宰相秦桧，他奸诈毒辣，在科举考场上也是一手遮天。他的子孙亲朋，很多人在他的权力庇护下登上榜首。朝野上下，一片怨声。

科举考试的舞弊现象，愈演愈烈，到了清代，更是泛滥成灾，从童试到乡试再到殿试，从考场内到考场外，从考试前到考试后，从草根平民到高官大员，无不有舞弊现象。这样，一场严肃的考试，为国家挑选优秀人才的重大事项，被当成了儿戏，这引起了众多有识之士和才华横溢而莫名落榜的举子们极大的不满。清朝光绪年间，有人在南京城南考生聚集的贡院大门两旁贴出了一副对联：

屋角无鱼，蜘蛛空设一网；
地上有兔，雄鹰枉叫三声。

上下联对仗工稳，含义深刻。"空设一网"，痛斥这种考试弄虚作假，完全是一场骗局。下联承接上联，感情色彩更为浓烈，似乎发出了怒吼。有德有才的人如雄鹰展翅，翱翔蓝天，他们本可为国为民效力，但被埋没了，只能"枉叫三声"。这里的"枉"字有鸣冤叫屈之意，发出了愤愤不平的呐喊。

用脚走过去——往

wǎng

往

甲骨文

金文

小篆

往

隶书

往

楷书

甲骨文的“往”字是个上下结构的会意字。上面是个“止”字，表示用脚走。下面是个“土”字，表示从这儿出发，用脚走过去，到达目的地。

也有人认为，甲骨文的往字是个形声字兼会意字。上面的“止”字是形符，表示用脚走。下面是个“王”字读“wáng”，作声符。后来的小篆加双人旁为形符，用街道的“彳（chì）”字来表示行走于街道之义，用“𡉚（wǎng）”字作声符，写作“䢐”。

楷书的字形由小篆演变而来，写作“往”。

“往”字的本义指“去、前去”。如：来去反复称“往返”，也称“往复”；去和来称“往来”；互相往来称“来往”；常打交道称“交往”；要到一目的地称“前往”；内心向往称“神往”。

“往”字由本义假借指“过去的”。如：过去的日子称“往常”；过去的年月称“往年”；过去的时日称“往日”或“往昔”。以往、往时、往事等词中的“往”都是指已经过去的人和事。

读《左传》，书“往”右翻

却说民国年间，南京中华门外长千里有个书生名叫贺清明，这年盛夏，屋里闷热难当，他便搬张小饭桌，到门外大树荫下读书写文章。老师布置要自创一副对联，他正为此冥思苦想，但总不能成句，心中焦急，越是急，越是想不出。于是他随手拿起桌上的《左传》翻阅起来，想从中找到灵感。他一页又一页地翻阅着，待合上书，看到“左传”二字，一个灵感油然而生。

古书是竖排的，字是从上向下看。翻书时，每一页是向右翻。所以他看到“左传”二字，一副上联脱口而出：

从上至下，读《左传》，书往右翻；

贺清明得此佳句，十分得意，摇头晃脑，反复吟诵，他想一气呵成，续出下联，但绞尽脑汁，仍毫无头绪。他正烦恼，头顶树梢上的知了却叫个不停。不知何时，一个卖西瓜的老汉也到树下凑热闹，一声声吆喝着：“卖西瓜哩，不甜不要钱哩——”贺清明听得心烦，他一会儿气呼呼地仰头看树顶，一会儿气狠狠地朝卖西瓜的老汉瞪眼睛。

卖西瓜的老汉见这书生烦燥不安的样儿，递上刚切开的一片西瓜，好言相劝：“天热心躁，我老汉送片瓜给你消消暑——相公何事这般烦恼？”

贺清明接过瓜说：“我正写对联呢，上联是‘从上至下，读《左传》，书往右翻’，可对不出下联。”说罢，三口两口啃了瓜，将瓜皮往墙角一扔，又端坐着生闷气。卖瓜老汉见他这样，呵呵笑道：“这有何难，我给你续个下联——”

坐南朝北，啃西瓜，皮向东甩！

贺清明听了，一拍大腿叫道：“好哇！绝对啊！”说罢，忙不迭抄录下来。

毫无根据地猜想——妄

wàng

妄

金文的“妄”是个上下结构的形声字兼会意字。上面的“亡”字读“wáng”，表示“缺乏、没有”，作声符并会意。下面的“女”字是形符，表示跟女子有关。

“亡”字与“女”字组合，表示“妇女没有见识，言行无理无据”。

古时妇女地位低，男子往往把不少坏的行为都强加到妇女身上。所以古人将“女”字作“妄”字的形符。

古人为什么用“亡”字作“妄”字的声符呢？这里有两种解读。有人认为，这“亡”字是“逃亡”之“亡”，“灭亡”之“亡”。“亡”字有“没有”之义，在这儿指“没有理性”。所以古人以“亡”字作“妄”的声符并会意，用来突出“荒唐，没有理性”。

也有人认为，这里的“亡”字是“盲”字的简省写法。这个“亡”是指“失盲”之“盲”，表示看不见，或指没看见而胡乱猜想。

楷书的字形由小篆演变而来，写作“妄”。

“妄”字的本义指“荒诞，无事实根据”；如：狂妄的打算称“妄想”；虚妄的或不正当的念头称“妄念”；非分的要求或追求称“妄求”；没有事实根据的、不真实的称“虚妄”，“妄自菲薄”，指不合理，不切实际，过分地小看自己。“妄”字由本义引申指“胡来、乱来”。狂妄地声称称“妄称”。未经考虑而轻率地行动称“妄动”。瞎说、胡说称“妄说”，无知狂妄的人称“妄人”，妄言、妄语、妄取、胆大妄为等词中的“妄”都指胡乱作为。

金文

小篆

隶书

楷书

儒生“妄”敢称兄弟

清朝末年，朝廷有位重臣名叫张之洞，他出身于官宦之家，于光绪元年考中进士，历任翰林院伺读学士、内阁学士等职，后来出任山西巡抚、两广总督，又调任湖广总督，是位仅次于李鸿章的洋务派领袖。他手握重权，地位显赫，因而牛气冲天，不可一世，求见他的人排成长龙，所以总督府大门的守门官不敢轻易放人进去见他。

与张之洞同时代还有位著名的人物孙中山，他是广东省香山县（今中山县）翠亨村人，是我国资产阶级民主革命的先行者、中华民国的创始人。

年轻时，孙中山曾赴美国、日本等国留学，那时他便有了革新政治的思想。他从日本留学归来，路过武汉。此时张之洞任湖广总督，总督府设在武昌，孙中山特地前往总督府，向守门官递上“学者孙文求见之洞兄”的帖子。守门官不敢怠慢，立即将帖子呈报张之洞。张之洞接过一看，很不高兴地问：“来者何等样的人物？”守门官答道：“书生模样。”张之洞听罢，随手在纸上写了一行字：

持三字帖，见一品官，儒生妄敢称兄弟；

这明摆着是副对联的上联，要孙中山续出下联，看看这书生是否有真才实学。这上联趾高气扬，霸气十足，意为：你拿写了三个字的帖子，就想见当朝一品高官，还自不量力，狂妄地称兄道弟，真不知天高地厚。在短短十五个字中，最显眼的是“妄”字，这“妄”字用在此处，含有斥责、发怒的意味，分明是在呵斥孙中山胆大妄为，冒犯总督。孙中山接过这上联一看，不动声色，掏出笔写出了下联：

行千里路，读万卷书，布衣也可傲王侯。

这下联理直气壮，有礼有节，不亢不卑，回应张之洞：“我平民百姓，也可傲视你王侯将相。”其中的“傲”字用得十分得当，很有分量。

据说张之洞读了这下联，暗暗吃惊，连忙命守门官打开中门，迎接这位朝气蓬勃、风华正茂的年轻人。

wàng
忘

甲骨文

金 文

小 篆

隶 书

楷 书

事情在心里消失——忘

甲骨文和小篆的“忘”字，是个上下结构的会意兼形声字。

“忘”字的上面是个“亡”字，这是声符。下面是个“心”字，表示这个字与心理活动有关。其本义是指“不记得，忘记了”，如：忘掉、忘怀、忘恩负义、健忘、念念不忘、备忘录。

从会意字的角度看，很好理解。“忘”字上面的“亡”字，在甲骨文和小篆中是个会意字，指弯曲隐蔽的地方有一个人躲在那里，本义是躲藏，又转义为逃跑、逃亡。“亡”字用在这儿，表示“逃亡了，消失了”。下面一个“心”字，意味着心里已没有这个人或这件事了，也就是“忘记”了。

东晋·王羲之

隋·智永

《隶辨》

宋·米芾

明·王铎

那人心死了——忘

有位诗人，写了首爱情诗

题目是“忘”，一共只有三句：

那人的心死了。

他常问：

“我是谁？”

这首诗读来很伤感。从文字的角度看，又很巧妙。

第一句“心死了”，也就是心已灭亡，这就点明了“忘”字的字形。后两句说明了“忘”字的字义。

日光很强烈——旺

wàng

旺

暀

小篆

旺

隶书

旺

楷书

小篆的“旺”字是个左右结构的形声字兼会意字。左边的“日”字作形符，表示跟太阳有关。右边的“㞷”字读“wáng”，作声符并会意。

“日”字“㞷”与字组合，指“日光十分强烈”。因是指“日光强烈”，这跟“日”有关，所以古人用“日”字作“旺”字的形符。

古人为什么用“㞷”字作“旺”字的声符呢？

甲骨文的“往”字是个形声字。由“之”字和“王”字组成。“之”字作形符，“王”字作声符。金文在“之”字上面加“土”字，又另加义符双人旁表示在街上行走，以突出前往之义，隶变后的楷书写作“往”与“㞷”。“㞷”字作了偏旁，不再单用，作偏旁时写作“主”或“王”，这就是今日的“往”。因“往”有来回往返之义，又有经常、往往及处处之义，而日光强烈是经常的，到处都有的现象，所以古人用“往”字作“旺”字的声符。

楷书的字形由小篆演变而来，写作“旺”。

“旺”字的本义指“日光强烈”。由本义引申指“炽烈”。如：火势很盛称“旺火”；生命力强，热情高涨称“旺盛”；交易旺盛的市场称“旺市”；营业旺盛的季节或某种东西出产多的季节称“旺季”；生意兴旺的店铺称“旺铺”；畅销的产品称“旺销产品”。

“旺”字由本义引申指“兴盛”，如：火旺、兴旺发达、人畜两旺。

始终如一——旺

南京奇人郑可鉴，以钻研汉字、善拆字解字闻名。他是一家旅游公司的老板，家有一辆旅游大巴，开车的吴中旺是河南人，小伙子长得帅，人也机灵。小吴的妻子桂英为人心直口快，做事泼辣利索，只是他比小吴大一岁，加上小吴高大英俊，她总担心小吴会移情别恋。郑老板安慰她："女大一，黄金堆屋脊。你家小吴对你可好呢。"

桂英问："他有没有东张西望朝女人瞅？"

郑可鉴道："他忙着开车哩。"

桂英初中毕业，语文成绩最好。她晓得郑老板会测字，便说："你给我测个'吴'字，看小吴对我忠不忠。"

郑可鉴道："'吴'字上为'口'，下为'天'，俗称'口天吴'。上面的'口'就是你，算是一口子。下面的'天'是由'二'和'人'组合。你二人是天作之合，夫妻恩爱啊！"

桂英皱着眉头问："我家小吴在哪儿？"

郑可鉴道："他在'口'下面，对你忠心耿耿啊！'吴'字下面的'天'是'夫'不出头，他爱你爱得了不得，把你顶在头上呢。"

桂英一听，乐得呵呵地笑了，又说："那你再测个'中'字吧，看小吴对我忠不忠。"

郑可鉴沾水在锅台上写了个"中"字说："'中'字当中是两个"口"字紧相连，说明你们夫妻恩爱永不分离。用河南话说，这个婚姻中！中！中！"桂英听了，乐得笑弯了腰，接着又提出："事不过三，你把'旺'字也测了吧。这样我才放心。"

郑可鉴道："'旺'字还用测吗？这是个吉祥字，兴旺发达，人丁兴旺，你又有副旺夫相。再说这'旺'字不管竖写横写，都是一，这叫'从一而终'，多好哇！"

wàng

望

甲骨文

金 文

小 篆

望

隶 书

望

楷 书

人站在土堆上望远处

甲骨文的“望”字是个会意字。上面是个“臣”字，表示眼睛。下面是个“壬”字，表示人站在土堆上。这两个字形组合在一起，指人站在土堆上，有举目远望之意。

金文在甲骨文的基础上，另加了个义符“月”字，用以表示“望日”。因农历每月十五日或十六、十七日晚上月亮最圆，人们往往抬头看月亮，所以称这天为“望日”，也称“望月、朔望”。这种月相叫“望”。

小篆的字形由金文演变而来，隶变后的楷书写作“望”，这是个上下结构的形声字兼会意字，由“壬、月、亡”三部分组成，指“人们站在土堆上看着月亮，盼望逃亡在外的人回家团圆”，所以“望”以“壬、月”为形符。因为“亡”有逃亡之义，所以“望”以“亡”为声符并会意。

“望”字的本义指“向远处、高处看”，如：望见、远望、展望、张望、眺望、守望、观望等。

“望”字由本义引申指“期待、希望”，如：巴望、盼望、期望、祈望、渴望、绝望、厚望、热望、失望、过望、无望、欲望、愿望、指望、众望。

“望”字由本义假借指“拜访”，如：探望、拜望、看望。由本义又假借指“名望”，如：望族、声望、威望、德高望众。

“望”字由本义引申指“朝、向”，如：望南走去。

“望”字作书面语，表示年龄接近，如年近六十称“望六之年”。

“望”字也作姓氏用。

皇后十二月去世——望

北宋宣和年间，谢石来到京城汴梁，在闹市口开了一家测字馆，馆外挂“测字”条幅做招牌，馆内陈设桌椅茶具，款待求测者。

谢石测字灵验的名气越来越大，很快传入皇宫。宋徽宗相信测字这类事，召他进宫，并要试试他的本领。他暗中令人去太子处，让太子写一字来，看谢石可测得出是谁写的。

太子写来一个“太”字。谢石一看就说：“此天子所写也。”宋徽宗听了，既失望，又生气，问：“何出此言？”

谢石指着太子写的“太”字说：“此‘太’字下面一点略微横了一些，但仍属‘太’字。他日这一点移到上面不就成了‘天’字吗？因此写此字的是天子。”

宋徽宗听了，非常高兴，重赏谢石，还封他为承信郎，常召他进宫测字议事。

不久，皇后病重，御医束手无策，宋徽宗也急得六神无主。这天正好是腊月半，属“望日”。宋徽宗写了个“望”字，召谢石进宫，就这“望”字，预测一下皇后是否有生还希望。

谢石进宫，看着徽宗写的“望”字，连连摇头，并掐着手指，一五一十地计算了一番说：“就圣上这‘望’字而言，皇后恐熬不过十五天了。”

宋徽宗焦急地问：“此话怎讲？”

谢石解释道：“今日腊月十五，属望日，再过半月即腊月三十，是年底。一年十二月，这‘望’字下为‘王’，拆开是十二，右上为‘月’正巧十二月。左上为‘亡’，意为十二月亡，故有此说。”

宋徽宗不解地问：“十二月病亡者绝非皇后一人，测‘望’字，何以断定皇后十二月亡呢？”

谢石小心地说：“圣上，这‘望’字下面的‘王’字，只有‘皇’家所用。‘王’字在‘皇’字之下，也属‘皇’字之后，不指皇后，又指谁呢？”

人在山崖要小心——危

wēi

危

小篆的“危”字是个上下结构的会意字，共有三部分组成。上端的字形是“人”字。当中的“厂”字读“chǎng”，在甲骨文中是象形字，字形像向外突出的山崖，本义为“山崖”。“人”与“厂”组合，指人站在高高的山崖上，这是很危险的地方。

“危”字右下方的“㔾”读“jié”，像一个跪坐的人形。隶变后的楷书写作“㔾”“巴”“尸”，简省为“卩”，就是用在右边的“单耳旁”。这个跪坐的“㔾”字，表示跪坐的人要挺直腰板，挺起胸部，屁股不能坐在脚后跟上，不能弯腰曲背，显出放松散的样子。为了表示敬意，昂首挺胸，这样身子就高了不少，故有“高”义，这种“跪坐”，称“危坐”。这个“危”字，其实就是“跪”字的本字，是最早的“跪”字。一个跪着的人，心怀敬意，必定时时节制自己，小心从事。而一个站在山崖边的人，身临险境，也是小心翼翼，不时提醒自己，节制自己，所以古人用“㔾”字表示“危险”之义。隶变后的楷书写作“危”。

“危”字的本义指“不安全、危险”。如：危险到不能维持或快要灭亡的地步称“危殆（dài）”；产生危险的祸根或严重的困难关头称“危机”；危险而紧急称“危急”；危险和灾难称“危难”；国家民族等面临灭亡的局势称“危亡”；危急和凶险称“危险”。

“危”字由本义引申指“恐惧”，如：人人自危、危惧。又引申指“损害、伤害”，如：危害、危及生命。由上义引申指“人快要死”，如：病危、垂危、临危、濒（bin）危、危重等。“危”字假借指“端正”，如：正襟危坐。又假借指“高、陡”，如：危楼百尺。

危

小篆

危

隶书

危

楷书

“危”言耸听

晋朝年间，江苏无锡有位大画家名叫顾恺之。他被称为奇才，身怀三绝：一曰“画绝”，二曰“才绝”，三曰“痴绝”。何为痴绝？据说他很会说笑，是个很风趣、很有生活情趣的人。当时的桓（huán）温、殷仲堪都是高官，顾恺之是他们的幕僚，相互间很亲密，常在一起闲谈说笑，不分彼此。

有一天，顾恺之和桓温在殷仲堪家相聚，桓温的一位参谋也跟着去了。大家在一起说笑取乐，桓温建议先说“了语”。

“了语”就是用一句话，说一件事情彻底了结。

顾恺之先说：“火烧平原无遗燎。”这话说的是一把大火把平原上草都烧光了。

桓温说的是：“投鱼深渊放飞鸟。”这话说的是把鱼放进深渊，把鸟放飞天空，都是一去不复返了。

殷仲堪道：“说‘了语’太平淡，不如说‘危语’。”何为“危语”？就是要用一句话来形容一件非常危险的事。

桓温说：“那你就先来吧！”

殷仲堪道：“百岁老翁攀枯枝。”

桓温接着说：“矛头淅（xī）米剑头炊。”

顾恺之说：“井上辘轳（lù lu）卧婴儿。”

这话讲的是让婴儿躺在井台灵活滚动的辘轳上。这更加危险。

三人说完，那位年轻的参谋也插了句：“盲人骑瞎马，夜半临深渊。”

他这句话应该说显得最危险。可这位参谋没想到，殷仲堪是瞎了一只眼的人，算半个盲人。这话使他很难堪，但又不能发作，他只好当着参谋的面说了句：“啊，真是咄（duó）咄逼人啊。”这话既可理解为，参谋说的危语真吓人啊；也可理解为，这小军官不知轻重，当着我的面说这样的话真逼人太甚啊。

后人把这件事儿记下来，形成了三个成语：一是“咄咄逼人”，二是“危言耸听”，三是“盲人瞎马”。

wēi

威

金文

小篆

威

隶书

威

楷书

斧头架在头上——威吓

金文的“威”字，是个会意字。右半边这是一把大斧头，左下是一个跪在地上的女子。一把大斧头，架在女子头上，指使人畏惧害怕。因为一般女子较为胆小，经不住威吓，所以“威”字从“女”字。

小篆的“威”字是个形声兼会意字。由“女”字和“戌”字组成。“女”字作形符，表示与女子有关。“戌”字作声符，读“xū”，意思也是指使人畏惧。因为古代的“戌”字是指一种宽头大斧，所以“威”字以“戌”作声符并会意。

“威”字的本义指“使人畏惧的声势或气魄”，如：威慑、威严、威风、威望、威力、声威、军威、国威、威信、威仪、权威、神威、示威、雄威、余威、助威、威武不屈、耀武扬威、狐假虎威。

“威”字由本义引申指“凭借力量或势力”，如：威吓、威胁、威逼、威迫。

“威”字也作姓氏用。

唐·李怀琳

唐·颜真卿

威大汉搬家公司

威海波是位山东大汉，高中毕业没考上大学，便只身来南京打工。他虽说爱好文学，又写得一手好字，可他既没文凭，又没背景，只有一身力气。没办法，他只好到一家搬家公司当搬运工。

威海波身高力大，人又勤劳，干了几年，攒了点钱，便租了间小屋，自己开了家搬家公司。因为人家都喊他“威大汉”，他便给公司取名“威大汉搬家公司”，招牌还是他自个儿写的呢。

威大汉身高马大，却娶了个娇小的川妹子为妻。川妹子名叫苏勤，别看她个儿小，干起活儿来不让须眉。

苏勤可真是个勤劳的人，用农村话来形容，她跌个跟头，爬起来还顺手抓把泥。白天，她跟丈夫和员工一起到客户家搬家具，她将洗衣机朝身后一背，还顺手带把椅子才下楼。干完活儿回家，丈夫和员工们纷纷倒在床上休息，她呢？要跑步去菜场买菜，还把孩子从托儿所接回来，就这么背在背上，忙着烧水做饭，为十几个人准备晚餐。空下来，还为员工们缝补浆洗，嘘寒问暖，员工们都亲切地喊她苏姐……

威大汉的公司越做越大，汶川大地震时公司为灾区捐款十万元，这事儿引起了媒体关注。有记者采访威大汉，当时他正在练字，桌上有好几幅字写的都是“威”字。记者问：“你的事业为什么能做得这样成功？”

威大汉淡淡一笑：“谈不上成功。如果说有点儿成绩，那就应了一个成功的男人背后，一定有个坚强的女人这句话。我的成功，离不开我的妻子。”说罢，他朝正在拖地的妻子努了努嘴。

见记者茫然的样子，威大汉指指“威”字说：“我姓威，直到娶了妻子才识得这个字的真正含义。一个男人有威势，离不开优秀女人的支撑。这女人是贤内助，默默无声，就像这‘威’字里的‘女’字，静静地躲在身后，是她，成就了我的事业。”

记者听了，击掌叫好。

wēi

微

甲骨文

金文

小篆

微

隶书

微

楷书

暗中进行察访——微

小篆的“微”字是个左右结构的形声字兼会意字。左边的“彳”字，读“chì”，作形符，表示在街上行走。右边的“敳”字读“wēi”，作声符并会意。

“彳”字与“敳”字组合，指古代帝王或朝廷高官，他们不穿礼服，不带侍从，进行暗中察访。也就是人们常说的“微服私访”。私访要行动，这跟行走有关，所以古人用“彳”字作“微”字的形符。

古人为什么用“敳”字作“微”字的声符呢？

甲骨文的“敳”字是个会意字，左边的字形表示人一头长发的样子。右边的“攵”字读“pū”，本来写作“攴”，作偏旁时写作“攵”，表示轻轻拍打之义。用在“敳”字中，表示梳理的动作，指梳黑而细长的头发，隶变后的楷书写作“敳”。“敳”字的本义指“头发微妙”，后引申指“微小”，又指暗中司察，这与帝王进行暗访的意思相合，所以古人用“敳”字作“微”字的声符并会意。

楷书的字形由小篆演变而来，写作“微”。

“微”字的本义指“隐蔽、精深”。如：深奥玄妙、不易捉摸称“微妙”；旧时帝王官员穿平民衣服以隐瞒身份称“微服”，也称“微行”；精深奥妙称“精微”。“微”字由本义引申指“细小”。如：细小单薄、数量少，称“微薄”；非常小称“微小”，还有细微、微型、微弱、微末等词。“微”字又引申指“少、稍稍”，如：微微、微量、微笑、轻微、稍微、微乎其微。“微”字还假借指“低下、卑贱”，如：微贱、低微、卑微、人微言轻。

“微”和“微服”

孔子生于公元前551年，是春秋末年的思想家、教育家，是儒家学说的创始人，世称“圣人”。孟子生于公元前约372年，是战国时期的思想家，他继承和发挥了孔子儒家学说，是孔子的第三代传人，被称为“亚圣”。两人相距约一百八十年。

孟子有位弟子名叫万章，一天，万章问孟子：“据传说，当年孔子周游列国时，在卫国和齐国都住在受宠的宦官家里，目的是想通过这些人捞个一官半职。真有这回事吗？”

宦官，是君主时代宫廷内侍奉帝王及其家属的人员，由阉割后的男子充任，也称“太监”。

孟子回答道：“哪会有这种事呢？这是造谣中伤啊。”当时孔子确实到过卫国，是住在一位姓颜的贤大夫家里。卫国一位宠臣跟孔子的学生子路是亲戚关系，他想通过子路邀请孔子住到他家，还说只要孔子愿意，就能得到卫国卿相的官爵。子路把这事告诉孔子，孔子淡淡一笑，说：“能否当官获官爵，完全由命运决定。”他一口回绝了。

万章追问道：“孔子有没有在宦官家住过呢？”

孟子解释道：“孔子主张非礼勿动。他凡事以礼规而进，据道义而返，官位一事，由命运决定。如果他住到宦官家里谋求官职，那就是既不讲礼义，也不顾命运了，他怎会这么做呢？”

说到这儿，孟子反问万章：”世人评价朝廷大臣，都看他接待什么客人；评价外来远臣，就看他寄居在什么人家。如果孔子把受宠的宦官作为主人，寄居他家，你说，他能成圣人吗？”

万章听了这番话，才心悦诚服。

孟子在讲孔子这段经历时，原话是：“孔子不悦于鲁卫，遭宋桓司马将而杀之，微服而过宋。”

这句话中的“微服而过宋”，给后世留下了“微服”一词。“微”在古义中有藏匿（nì）隐蔽的意思。“服”，指服装。“微服”就是改换便装以遮避原形，让人认不出来的意思，如今常用的就是“微服私访”和“微服出行”。

wēi

巍

金文

小篆

隶书

楷书

高大的山——巍

小篆的“巍”字是个形声字。右边个“嵬”字，表明这个字跟山有关，作形符。左边为“委”字，是这个字的声符。

“巍”字本义指山高大，如：巍峨、巍巍泰山。

“巍”由指山的高大，引申为指高大事物的形貌，如巍然屹立。

北魏《魏灵藏造像记》

唐·褚遂良

《隶辨》

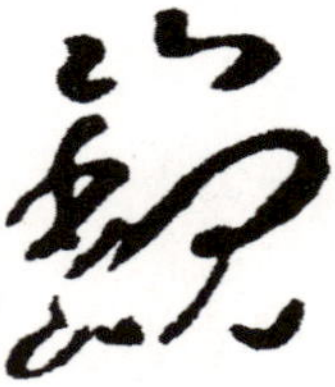
唐太宗《晋祠铭》

《草书韵会》

移山巡抚——巍

明朝末年，奸臣魏忠贤在全国各地兴建生祠，其中以山东的最为豪华气派。

山东巡抚李精白为了讨好魏忠贤，生祠刚建好，就专程赶来庆贺。庆典非常隆重，魏忠贤的同许多党都早就到了，李精白生怕被别人盖过风头，引不起魏忠贤的注意，忙当着众人面，挥毫泼墨，题了八个大字："尧天巍荡，帝德难名"。

字是写好了，可李精白却越看越不满意，因为中间有个"巍"字，这不成了"山"压"魏"大人了吗？想到这儿，他眼珠一转，将写好的条幅撕碎，重新又写了一遍。不过这次，他把"巍"字上面的"山"移到下面去了。

这马屁真算拍出了水平，老百姓谈起这件事的时候，都笑称他是"移山"巡抚。

手牵大象会做事——为

wéi

为

甲骨文

金 文

小 篆

爲

隶 书

为

楷 书

甲骨文的“为”字是个象形字，也是个会意字。字的左上方是一只手，右下方是一头大象，形状好似一个人用手牵象的样子。牵象干什么？为了役使大象干活儿，帮助人劳动的意思。远古时代，黄河流域气候温湿，殷商先民尚能见到象这种庞然大物四处活动。随着人类对原始森林的开发索取，到汉代时，象群已向南方迁移数千里，退到云南一带了。这段历史传说，我们尚能从河南简称“豫”字中找到一点蛛丝马迹。

先民们用手牵象来表示“会做事”。金文的字形与甲骨文大致相同。篆文变得化较大。隶变后的楷书写作“爲”。如今简体字为“为”，作正体字使用。

“为”字的本义指“做、行”。如指处世的态度或作风称“为人”；以某种手段谋生称“为生”；担任领导、作为领头人称“为首”。

“为”字由本义引申指“担任、充当”，如：以天下为己任、好为人师、画地为牢、以邻为壑等。由上义引申指“变成”，如：变为、成为、沦为、反客为主、化为乌有。

“为”字假借指“是”，如：一丈为十尺、北京为首都。又假借指“被”，如：为人所恨。

“为”字作语气助词，如：极为重要、大为不敬。“为”字是个多音字，读作“wèi”时，假借指“帮助、给、替”，如：为虎作伥、为民请命。又表示目的，如：为了、为此、为着、为家乡作贡献。还表示原因，如：为何、为什么、为了谁。

“为”也作姓氏用。

自以“为”是

无锡东门中学的杨老师，这天又出了两个字谜让学生分析。一是“动迁办”，二是“办错了两点”。金一鸣脑筋转得快，他一下子看出来了，说：“把‘办’字两点移动一下就是‘为’字。”

杨老师又在黑板上写了两个字谜：一是“不作伪人”，二是“有人不是真的”。

牛皮•唐抢着说：“您是让我们认识‘为’和‘伪’的区别啊。它们的不同就是多了个单人旁。”

杨老师又写了个字谜：“起点、接力点、终点”，问：“你能把这个字谜解释清楚吗？”

牛皮•唐被问住了。他用手指在课桌上画了几下，恍然大悟，说：“先一点，再写‘力’字，最后再来一点。您这是教我们写‘为’字的笔顺哪。”

杨老师点点头，又说：“成语‘自以为是’大家都理解，能不能讲讲你是怎么‘自以为是’的？”

金一鸣说：“星期天我到游泳馆学游泳。两米的深水区我不敢跳下去，到一米六的区域，我就一个猛子扎了下去没站稳，幸亏救生员把我救上去。原来，我自以为自己身高一米六，跳下水不碍事，哪晓得我把头顶到鼻孔的二十几公分忘记啦。这就是自以为是啊。”

刘坤培说：“我喜欢看足球比赛。昨晚，我爷爷坐在电视机前看京剧，我对爷爷说，这个咿咿呀呀的，有什么好听的，今晚足球精彩哩。我把频道换了，爷爷只好睡觉去了。我想，这也是自以为是，还有点儿自私自利呢。”

牛皮•唐说：“昨晚我们家来了位朋友。我妈妈给他下了碗意大利面条，我给他加了一匙辣椒酱，结果这位客人吃得满头大汗，眼泪鼻涕都淌下来了，最后放下碗筷说实在吃饱了。唉，我喜欢吃辣，以为所有人都爱吃辣。这也算自以为是吧？”

杨老师说：“自以为是的毛病就出在以自己为中心，不为他人着想。为人处世，一定要先人后己，虚心好学，否则，不为人所欢迎啊。”

背他而去——违

wéi
违

小篆的“违”字是个左右结构的形声字兼会意字。左边的“辵”字，读“chuò”，表示在大街上行走，在这儿作形符，跟“行走、走路”有关。右边是“韦”字，读“wéi”，作声符并会意。

“辵”跟“韦”字组合，指“背对着离去”。因是相背而去，这跟行走有关，所以古人用“辵”作形符。

古人为什么用“韦”字作“违”字的声符呢？

甲骨文的“韦”字是个会意字，当中是个“口”字，上下和右边各有一只脚，表示众人环绕城池之意。小篆使其整齐化。隶变后的楷书写作“韋”，现简化为“韦”，本义指“环绕”，后引申指包围、保卫、背离、违反、违背之意。“韦”字为引申义所用，后来作了偏旁。为分化字义，古人在“韦”旁加“行”字写作“衛”，加外框写作“围”，加“辵”写作“违”。可见“韦”字是“违”字的本字，是最早的“违”字，所以作“违”字的声符。

楷书的字形由小篆演变而来，写作“違”，现简化为“违”。本义指“离开、避开”。如：好久没见面称“久违”；旧时书信用语，分离称“睽（kuí）违”。依从或违背称“依违”。“违”字由本义引申指“不顺从，相背”。如：故意不顺从称“违拗”；违反、不守信称“违背”、不符合、不遵守称“违反”；有意识地违背和触犯称“违犯”；还有违禁、违心、违宪、违抗等词语。

金文

小篆

違
隶书

违
楷书

“违”和“不违农时”

有句成语叫“不违农时”，这里的“违”字，就是表示不违反、不违背。“农时”二字指农业生产中，配合季节气候，每种作物都有一定的耕作时间。“不违农时”就是不要违反这些时间。农田耕作要做到不早也不晚。不能因为其他的原因而耽搁了耕田播种乃至除草施肥的正常进行，否则，会造成来年庄稼歉收或灾害发生。

说起“不违农时”，这里有段历史故事。

战国时代的“亚圣”孟子，他继承孔子的儒家学说，主张建立“王道”，推行“仁政”，呼吁“以民为本”，认为万民百姓是国家的根本。治国应以安民、得民作为根本。而“民以食为天，食以安为先”。社会安定了，人们才能安心耕种；庄稼丰收了，百姓吃饱了，社会才能安定。因此，粮食是个重要的话题。

这一天，魏国国君梁惠王向孟子求教，怎样才能达到国富民安的目的。

孟子回答道：“不违农时，谷不可胜食也；数罟（shuò gǔ）不入洿（wū）池，鱼鳖不可胜食也；斧斤以时入山林，材不可胜用也。谷与鱼鳖不可胜食，材木不可胜用，是使民养生丧死无憾也。养生丧死无憾，王道之始也。”

这段话的意思是：不耽误农活时节，粮食就吃不完。细网不下池塘，这样能留下小鱼种，鱼儿就吃不完。进山砍柴也要遵守时令，不能随便滥加砍伐，这样木材也就用不完。粮食、鱼鳖吃不完，木材用不完，这样百姓的生养死葬就没有可担心的了。百姓无后顾之忧，这就是你君主以仁义治天下的王道开始实现了……

孟子在这段精辟的论述中，一开头就用了“不违农时”这句话，后世将它作为成语流传至今，即使今日科学发达，人们还是将“不违农时”或“不误农时”当作金科玉律，认真看待。

wéi

桅

竖在船上挂帆的桅杆

小篆的“桅”字，是个形声兼会意字，指竖立在船上挂帆的杆子。它左边的“木”字是形符，表示跟木头有关。右边的“危”字是声符，读“wéi”。

船上挂帆的杆子，都是木制的，也有用粗竹竿做的。“危”字，在古代是个会意字，它由“人”字、“厂”字和“卩”三部分组成。“厂”表示山崖，“卩”有小心、节制的意思。综合起来，“危”字指人站在山崖边上一定要当心，很危险。在“桅”字中，这“危”又有“高”的意思，而“桅”是船上最高的，所以“桅”从“危”声并会意。

“桅”字的本义是指“船舶上用于挂帆的杆子”，也叫桅樯，如：桅顶、船桅、桅灯。

“桅”字，也指“轮船上悬挂信号、装设天线、制成观察台的高杆子”。

小篆

桅 隶书

桅 楷书

【瓦当欣赏】

战国画像瓦当

秦汉瓦当

借助国画破谜案——桅

清朝大画家郑板桥，不仅绘画出名，他在山东潍县当知县时，还破过不少案子，至今还让人津津乐道呢。

却说济南有位商人，名叫张家林，他带了五百两银子到潍县进货，乘的是杨二家的客船。第二天早晨，张家林起身登岸时，却发现包里的五百两银子不见了。这船一夜未曾靠岸，就三五个客人，有谁会偷呢?

同船的客人急于上岸，一个个翻开口袋，打开背包让张家林过目，然后纷纷上岸了。张家林认定杨二偷了银子，杨二死不承认。张家林一把揪着他的衣领，拖着他到县衙告官去了。

知县郑板桥升堂审案。他早已知道杨二手脚不干净，别的乘客也告过他，说在他船上丢了钱财，可自己曾亲自带人去搜过，一无所获。这次，杨二又口口声声说捉贼要捉赃，若找不到赃物，那就是诬告，也要治罪。

郑板桥正犯难，只见从前在县衙当师爷的何老先生走了进来。他也不管郑板桥在审案，竟上堂献上一幅国画，请郑板桥指教，还悄声说："老朽即兴涂鸦，请大人指点，兴许能为大人解难呢。"

郑板桥听何师爷话中有话，再仔细一看，只见画面上一棵大树，被狂风刮得摇摇欲坠，此外，别无他物。

郑板桥心里明白了。他将惊堂木一拍，吩咐衙役："来人呐，去看看杨二船头桅杆上有无赃物！"那边衙役刚走，这厢杨二便低头认罪了。

郑板桥是怎么破案的？因为画面上的含义是"危"、"木"二字。不是么？大树指木，而此时大树在狂风中摇摇欲坠，处于危险状态，这就暗藏了个"危"字。"危"、"木"相合乃是个"桅"字。这是暗示赃物藏在桅杆上啊!

wéi

唯

甲骨文

金文

小篆

唯

隶书

唯

楷书

说话应答唯唯喏喏

小篆的“唯”字是个形声字，指说话时的应答声。因为这应答如鸟儿叫一样“隹隹隹隹”，所以用“隹”字作音符，读“zhuī”。

金文的字形由甲骨文演变而来，也是个形声字。左边的“口”字是形符，表示应答声从口中出来，右边的“隹”字是声符，读zhuī。小篆的字形是由金文演变而来的，写作“唯”。

有人认为，甲骨文就是假借“隹”字为“唯”。“隹”是短尾巴鸟，也就是如今的小麻雀。其本义是指“说话时的应答声”，如：唯唯喏喏，形容一味顺从别人的意见。

“唯”字假借指“单单、只有”，如：唯一、唯独、唯恐、唯有、唯物论、唯利是图、唯命是从、唯我独尊、唯心主义。

“惟”与“唯”在许多词语中通用，但已有规定，“唯一”这类词语中用“唯”而不用“惟”。

[瓦当欣赏]

战国画像瓦当

误写一字失功名——唯

北宋时期，仁宗年间全国举行科考，也就是科举考试，各地的学子经过层层选拔，取得举人资格，到京城复试，再由皇帝亲自主持，对省试合格的举人进行考试，也称殿试，这就是最高级别的考试。这样，皇帝亲自掌握选举文官的大权，使选中的进士们成为“天子门生”，更有利于君王的专制统治。

却说这一年，有个文人名叫赵旭，因科考中文章出众，名列榜首，在殿试时被仁宗皇帝看中。不过，再仔细看看，仁宗皇帝发觉这赵旭的文笔虽好，字却写得马虎，有些字笔画很不规范，特别是把“唯”字左边的“口”字旁写成了“厶”。

宋仁宗细细看了一会，心中虽有不快，但被其文采吸引，对书写的一点笔误也就不多计较了。但他还是对跪在殿前的赵旭好言相劝：“以朕看来，卿文笔流畅，文采出众，然将‘唯’字的‘口’字写成了“厶”，有失规范，万万不可。”

这赵旭也许性格怪异，也许自我感觉太好，竟高声辩解：“启禀皇上，这‘口’与‘厶’在书法中是可以通用的。”宋仁宗见他如此傲慢，不由大怒，提起朱笔，写了“去吉、吕台、私和、句勾” 八个大字，丢给他说：“汝既言‘口’、‘厶’可以通用，你将这几个字一一辨来，朕便选你做头名状元。”

赵旭手捧仁宗抛下的御批，顿时呆住了。是啊，这四对八个字中的“口”字与“厶”字，怎能互相通用呢？宋仁宗决定对赵旭不予录取，责令其回家重新读书习字，下次再考。

高大雄伟的山——嵬

wéi

嵬

小篆的“嵬”字，是个上下结构的形声字。上面的“山”字作形符，表示跟山有关。

下面的“鬼”字读“guǐ”，作声符。

“山”字与“鬼”字组合，表示山高大耸立的样子。

因“鬼”字表示鬼怪，也有神灵之意，故“鬼”字也含有高大之意。所以“山”字与“鬼”字组合，有高山耸立之意。隶变后的楷书写作“嵬”。

《说文解字·嵬部》解释：“嵬，高不平也。从山，鬼声。”本义指“山高大耸立的样子”。但这一本义，后来多用“巍”字来表示。“巍”字就成了个由“嵬”字作形符，“委（wēi）”字作声符的形声兼会意字，其本义也是指“山高大的样子”。

“嵬”字作偏旁用，也可单用，原是《说文解字》的部首，现今归入“山”部。凡从“嵬”字取义的字，都与“高大”等义有关。

以“嵬”字作义符的字有：巍。

“嵬”字常用的词为：“嵬然”，形容山或建筑物雄伟的样子，也写作“巍然”。

“嵬嵬”，形容高大，也写作“巍巍”。

“崔嵬”，作书面语用，指有石头的土山；也用来形容高大、高峻，如：山岭崔嵬，气势壮观。这一词，也写作“崔巍”，形容山和建筑物高大雄伟。

嵬
小篆

嵬
隶书

嵬
楷书

杨贵妃成“山鬼”——嵬

天保年间深秋的一个阴雨天，唐玄宗换上平民百姓的衣帽，偷偷溜出宫门，到长安街头转悠，见街头一测字先生，坐在大油布伞下给人测字。玄宗见四下无人了，便走将过去，从怀里掏出一块随身挂着的瑰玉递给测字先生说：“就测这‘瑰玉’的‘瑰’字吧。测得准，这玉就作测字费。”

测字先生抬头一看，此人一掷千金，相貌不凡，心中便明白了八九分。他接过瑰玉，叹口气道；“客官要测‘瑰’字。‘瑰’字拆开是‘鬼玉’二字，先生有不祥之兆啊。”

玄宗故意问：“‘瑰’字左边是‘王’，怎说是玉？”

测字先生缓缓道：“识得几个字的人都知道，瑰、瑶、环、瑾都是‘玉’字旁，何来‘王’字？‘王’将不‘王’矣。”测字先生拉腔拖调地说。

玄宗暗暗吃惊。测字先生看了看他，接着说：“依老朽看来，先生明年将有大难。恐怕会路过一个带‘鬼’字的地方，在这儿你有生死之难。”

玄宗不解地问：“从古至今，凡地名都用福、安、乐、昌、顺等吉祥字，哪有用‘鬼’字之地？”

测字先生道：“少用不等于不用。槐树庄、狼牙山、鬼见愁……也不少见啊。”说着，他把瑰玉还给玄宗，说：“无功不受禄。这块玉你还是留着吧，说不定你在那儿要埋掉一块玉呢。”

玄宗说：“玉是佩戴或是收藏的，怎会埋掉？”

测字先生说：“天机不可泄露。先生好自为之。”

公元756年六月初九夜，安禄山率叛军攻破长安门户潼关，眼看要攻进长安。将士们在皇太子李亨和禁军首领陈玄礼合谋下，发动兵变，杀了杨国忠，逼着玄宗令太监高力士用丝带勒死了杨贵妃，弃尸于院子里。杨贵妃死于马嵬，正应了测字先生说的将在一个带“鬼”字的地方有大难，他将在这儿埋下一块玉。这“玉”便是杨玉环。

wěi

伪

小篆

僞

隶书

伪

楷书

人为成伪

小篆的“伪”字是一个左右结构的会意兼形声字。“人”、“为”二字是形，表示人为的事。“为”，兼作声符。

“伪”的本义是人为、人为的。

由于是人为的，不是原来的面貌，经过加工或改变，所以就显得不真实，有诡诈、不诚实的意思，这就是伪善、伪装、伪君子。

“伪”表示假、不真实，如：伪造、虚伪、去伪存真、真伪难分。

由于“伪”是假的，不真实的，也就是不合法的，非正统的，如：伪军、伪币、伪政权、伪组织、敌伪、伪劣等。

东晋 王羲之

隶辨

二世为人作“伪”官

抗日战争前，江苏高邮县城里有个人叫王宜仲，在家排行第二，浑名叫王二歪子。这人头上生疮，脚底流脓，真是坏透了。

这一年，王二歪子在高邮城犯下了人命案，就逃到安徽固镇，隐姓埋名，躲了起来。他又拿出钱买通高邮的县官，谎报他已意外死亡，把他的户口销了，这才没捉拿他，使他逍遥法外，在固镇又过起花天酒地的生活。

抗日战争爆发后，高邮被日本侵略军占领，王二歪子一看风头过去了，又起死回生，从安徽回到高邮，投奔日军司令山田，当上了高邮的汉奸县长。

王二歪子恶性不改，帮日本侵略军干了许多残害老百姓的坏事。当地群众对他恨之入骨，游击队决定收拾他。

一个伸手不见五指的黑夜，几名游击队员潜入王二歪子家，用绳子将他勒死，将尸首吊在大门上。大门旁还贴了一副对联：

一生不正行歪运，
二世为人作伪官。
横批是：汉奸下场。

这副对联真是妙极了。“一生不正”，指他的外号王二歪子，“不正”二字就是“歪”字。“二世”指他逃亡谎报假死后又复生，“为人”合起来是个“伪”字，将他处死，这就是“汉奸下场”。

群众看了这副对联和王二歪子的下场，无不拍手称快。

wěi

苇

较大的苇草

小篆的“苇”字是个上下结构的形声字兼会意字。上面的“艹”表示跟花草有关。下面的“韦”字读“wéi”，作声符并会意。

“艹”与“韦”字相组合，指较大的“芦草”。

因为指的是芦草，这是种草木植物，所以古人用“艹”作形符。

古人为什么用“韦”字作“苇”字的声符呢?

“韦”字是“伟”字简省的写法，“伟”字有高大壮美之义，所以为了表示苇是高大的芦草，古人就用“伟”字简省的“韦”字作“苇”字的声符并会意。

楷书的字形由小篆演变而来，写作“葦”，后简化为苇。

“苇”字的本义指“芦草”。“芦草”就是大家熟知的“芦苇”。这是一种多年生草本植物，多生长在水边，根茎可入药，茎还可造纸，编席子、帘子。用芦苇编成的帘子称“苇箔”。

生长大片芦苇的浅水湖称“苇荡”，也叫“芦荡”；生长芦苇的池塘称“苇塘”；芦苇也称“苇子”。

小篆

葦
隶书

苇
楷书

“苇”子织席席盖苇

民国年间，苏北建湖县蒋营镇有两位受人敬仰的老人。一位是在私塾教书的吴大先生，一位是慈祥寺住持心惭大师。这两位在当地乡民心目中如同圣人。

这两位老人，既是文友，也是莫逆之交，更是君子之交。在一起时，总是讲佛经，谈诗词。若是触景生情，也会对句寻趣，自得其乐。

一年夏末，两位老人相约来到马家荡十佛寺。心惭法师要看望在这儿的几位徒弟，也给当地渔民治病。吴大先生关心这儿新办的私塾，顺便给年轻的教师予以辅导。

马家荡方圆数百里，与宝应、涟水等县搭界，站在高处放眼望去，一片绿色的芦苇无边无际。每逢割芦苇的季节，渔家妇女便席地而坐，编织芦席。大家聚在一起，手里忙着，说说笑笑，好不开心。两位老人远远地看着，不去打搅他们。心惭大师见此情景，不由想到一句上联，吟道：

苇子织席席盖苇。

这句上联，语句朴实无华，说的是将芦苇编成一张张席子，而这些席子又盖在一堆堆刚晒干的芦苇上。细细推敲，这里还有点哲理的味道，给人一种因果轮回的启发。

吴大先生听罢，笑道：“这可难住我了，一时还对不出下联呢。”正说着，一个牧童放牛归来，骑在牛背上，用一条小牛鞭在敲牛屁股。

吴大先生回应道：

牛皮拧鞭鞭打牛。

这下联说的是用牛皮拧成的牛鞭来打牛。上下联对仗工巧，且含义也有异曲同工之妙。

两位老人合作成这一联语，不由乐得抚掌大笑。

衣后有毛的饰物——尾

wěi

尾

甲骨文

金文

小篆

尾

隶书

尾

楷书

小篆的“尾字”，都是左上包围结构的会意字。字形的左上部分是“尸”字，读“shī”。“尸”字下面是个倒写的“毛”字，表示人屁股后面系（jì）有用毛制成的饰物。古人之所以左上方写作“尸”字，因为甲骨文的“尸”字像个屈膝而坐的人，是古代坐着代替死者接受祭祀，象征死者神灵的人。这些人多为死者的下属或晚辈，并非死人的“尸体”。

古时有个风俗，人们常在衣服后面装一条像尾巴的毛饰物。现在有些少数民族还保留这一风俗。因“尸”字如曲腿的人形，而这尾巴也呈弯曲形状，所以古人用“尸”字和“毛”字组合来表示“尾巴”之义。

楷书的字形由小篆演变而来，写作“尾”。

“尾”字的本义指“古人衣服后面的饰物”。

“尾”字由本义引申指“脊椎（zhuī）动物躯杆后面一段突出的部分”。如：脊椎的末端部分称“尾骨”；鸟、兽、虫、鱼等动物的身体末端突出部分称“尾巴”；事物的开头和结尾，前面和后面称“首尾”。虎头蛇尾、响尾蛇、马尾松等词中的“尾”都是尾巴之义。

“尾”字由本义假借指“事物的末端”，如：尾声、尾数、结尾、末尾、扫尾、收尾、街头巷尾等。

“尾”字由“末端”引申指“跟在后面”，如：尾随、尾追。“尾”字作量词，用于指“鱼”，如：一尾鱼。

“尾”字是个多音字。读作“yǐ”时，指马尾巴上的毛。如：马尾（yǐ）巴。

年年年“尾”接年头

民国年间，在苏北建湖县蒋营有两位德高望众的人。一位是教私塾的吴大先生，一位是慈祥寺住持心惭法师。他俩的学问自不待说，两人的德行修养非常人可比。

每到年底，这两位老人特别忙，因为他俩有文才，字又写得好，方圆数里地，家家户户都求他俩写对联。

春联，起源于桃符，那是三千多年前的周朝，将字写在长方形的桃木板上，悬挂在大门两旁，主要是为了镇住百鬼，保佑平安，因写在桃木上，所以称为“桃符”。到了宋代，由桃木板改为纸张，改称为“春贴纸”和“春联”。

用于春联的词语很多，一般是“吉庆有余”、“六畜兴旺”之类。吴大先生关照大家，可根据各家要求，写他们自己喜欢的话。有的人家希望全家和睦，就请吴先生写“一家和睦一家福，四季平安四季春”。有的人家盼粮食丰收，就请心惭大师写“人勤三春早，地肥五谷丰”。如若这年是猪年，吴大先生就写“天狗归仙界，亥猪拱福门”。

这一年，正巧是鼠年，要求写鼠字联的人家特别多。吴先生写罢“鼠为生肖首，春乃岁时先”，又写“豕去春无限，鼠来岁有余”，还写“才见肥猪财拱户，又迎金鼠福临门”。

有户人家特别看中老鼠尾巴长，有长寿、常享福的好口彩，请吴大先生把老鼠尾巴写进去。吴大先生跟心惭法师商量了一番，写出了“鼠无大小都称老，年接尾头岁更新。”

六十年一个甲子，老鼠放在首位，它连接年尾和年头，所以更显吉祥。后来，吴大先生和心惭法师写得最多的一副对联是：

天上月圆，人间月半，月月月圆逢月半；
今夕年尾，明朝年头，年年年尾接年头。

这副对联口语化，听了亲切易懂，加上年头年尾长尾巴，人们自然会想到长命百岁；长治久安；长风破浪；冬夏常青；笑口常开这些好口彩，难怪他们喜欢这副对联了。

冒天下之大不韪

wěi

韪

小篆的“韪”字是个左右结构的形声字兼会意字。左边的“是”字是形符，表示“正确、对”的意思。右边的“韦”字读wéi，作声符并会意。“是”字与“韦”字组合，意为正确的。

在金文和小篆中，“是”字是个会意字。上面是“日”字，下面是“正”字，当中的短竖象征端直，表示日中阳光直射不偏斜。“是”字的本义指端正不偏，由本义引申指“正确、对、合适”，表示肯定的判断。正因为此，古人才用“是”字作“韪”字的形符。

古人为什么用“韦”字作“韪”字的声符呢?

“韦”上下是两只脚，当中方框表示城池，表示众人环绕城池之意。隶变后写作“韋”，现简化为“韦”，本义为“环绕城池”这里指“护卫、捍卫”正因为此，古人才用“韦”字作“韪”字的声符并会意。

楷书的字形由小篆演变而来，写作“韙”，现简化为“韪”。

“韪”字的本义指“是、对”，表示“肯定”。《说文解字》的解释是：“是也。从是，韦声。”《现代汉语词典》对“韪”字未作解释，只提到“不韪”一词，指是“过失，不对”。成语“冒天下之大不韪”，指不顾世人反对，公然大干坏事。这里的“冒”，指“冒犯”；“不韪”是指“错误，不是”。“韪”字常与“不”字连用指“过失”或“错误”。

小篆

韙

隶书

韪

楷书

“韪”和“不韪”

距今两千七百多年的春秋时期，中国究竟有多少个国家？这个问题真的不好回答。众说纷纭，莫衷一是。

《左传》中记载了一个历史小故事，让我们知道了众多诸侯王国中有个“息国”，还让我们认识了“韪”字和“不韪”、“大不违”和“冒天下之大不韪”这些常用语。

春秋时的“息国”，就在今日河南息县一带，这是个很小很小的国家。息国的邻国是郑国，郑国的国土要比息国大得多，国力也强得多。

这一年，息国和郑国为边境上一点小事发生了争执。息国的国君自不量力，没采取息事宁人的态度，寻求和平解决纠纷的办法，竟悍然出兵攻打郑国。郑国被迫还击，将息国打得落花流水。从此，息国一蹶不振，就此衰落下去，后被楚国所灭。

息国被郑国打败后，当时各国有识之士评论此事时说：“息国犯了五不韪（wěi），所以必定失败，且有亡国之忧。”

这里的“五不韪”是哪五条呢？据《左传》记载，“五不韪”为：“不度（duó）德；不量力；不亲亲；不徵辞；不察有罪。”这五条指：不估量自己的威德有多高；不衡量自己的力量有多强；两国国君同姓，本是一家人却不亲近；双方有争执，言词不分曲折是非；不能认识自己的错误。犯了这五条不该做的事，所以人们断定他要亡国。

“五不韪”中的“韪”指“对”、“正确”。“不韪”就是指“不对”或“不是”，也就是“过失”、“错误”的意思。后人据此又不断总结、发展了许多相关词语，如：“大不韪”、“甘冒不韪”、“冒天下之大不韪”，就是说，明明知道不对，还要蛮干、硬干，这是自己心甘情愿地去干坏事、犯错误，这就是犯了天下最大的过失，这就是“冒天下之大不韪”。

wèi

卫

甲骨文

金 文

小 篆

衛
隶 书

卫
楷 书

来回走动保卫城邑

甲骨文的“卫”字，是个会意字。中间是座城邑，可看作是座城市，也可看作是座人口较多的小镇。四周有不少脚印，就像有许多卫兵在来回走动，保护城邑。

金文的“卫”字，是个形声字兼会意字。两边的字形合起来为“行”字，作形符，表示跟行走有关。当中是“韋”字，读“wèi”，作声符兼表意。“韋”字与“行”字组合，表示士兵围绕城墙，在保卫城邑。

“行”字表示行走，也有四通八达之义，表示在四通八达的路口巡逻，守卫城邑，所以古人用“行”字作“卫”字的形符。

古人为什么用“韋”字作“卫”字的声符呢？

甲骨文的“韋”字是个会意字，正方形的“口”字作城邑，周围有几只脚，表示众人环绕城邑、保卫城邑之意。隶变后的楷书写作“韋”，如今简化作“韦”。最早的“卫”字就写作“韋”，所以古人用“韋”字作“卫”字的声符兼表意。

楷书的字形由小篆演变而来，写作“衛”，现简化为“卫”。

“卫”字的本义指“保护、防护”，如：卫国、卫生、保卫、捍卫、守卫、自卫、卫星等。

“卫”字由本义引申指“防护人员”，如：担任警卫工作的士兵称“卫兵”，也称“卫士”或“警卫”。还有门卫、侍卫、卫队、前卫、后卫等词。

“卫”字也作姓氏用。

“卫主帅”和“保平民”

却说抗日战争时期，新四军有支部队驻扎在苏北建湖马家荡附近，这儿有日军据点，还有一支国民党军队。新四军的陈团长，是个文武双全的战将。他既能指挥作战，又能吟诗作对，写得一手好字，还是下象棋的高手。他近日得到一份情报：原来驻扎这儿的一个团调走了，新来的这个团的团长叫刘志浩，是当年盐城中学校长，且是学校棋社的棋友，两人棋艺不相上下，彼此都留下深刻印象。

为了便于联合抗日，陈团长经上级批准，主动到刘团长驻地拜访，一叙别后之情。

刘团长的团部设在一座小庙里，他热情接待了陈团长，两人在树下喝茶谈心，互相揣摸对方的心思。为打破僵局，陈团长建议道：“刘兄，还记得当年在一块下棋的事吗？一别十余载，老兄棋艺大有长进啊。”

刘团长应道：“那就杀一盘吧。”说罢。令勤务兵摆下棋盘，两人对弈起来。

刘团长似乎猜测到陈团长的来意，直指桌上的棋盘，吟出一句上联：

双车双马双炮双士双相双双卫主帅。

刘团长在暗示：你我两人都是军人，军人的天职是服从主帅命令，各为其主，不要指望我刘某跟你走。

陈团长心中有数。他见刘团长一心保全车马炮护卫老帅，自己便改变策略，集中力量，保护五个小卒过河，对老帅形成突不破的包围之势。结果刘团长的老帅被困死，他拱手认输。这时陈团长笑着对出下联：

独山独树独寺独神独仙独独保平民。

陈团长“保平民”对“卫主帅”，暗示了军人的天职不是为了保卫主帅一个人，而应该是保护人民大众。刘团长听罢，沉思良久，没有吭声。

wèi

未

甲骨文

金 文

小 篆

隶 书

未

楷 书

尝鲜美果实要等未来

甲骨文和小篆的“未”字是个象形字。从字形看，“未”像是树上长有许多杈枝，所以“未”的本义指树木。

也有人不同意这种看法，认为植物如果枝繁叶茂，生长得很好，它结出来的果子肯定是味道鲜美的，所以“未”的本义应该是“滋味”。

美好的滋味，总是令人向往的，但是要等果实成熟是需要时间的，所以“未”在现代汉语中表示“将来”的意思，如：“未来”。

“未”一般用来表示没有、不曾的意思，如：未婚、未知死活、未成年人。成语“未老先衰”是说还没有到老年，人却已经衰老了。

“未”也由“没有”的意思引申为表示否定的意义，词义相当于“不”。如不同意别人的观点称为“未敢苟同”；说话、做事有一定道理，称为“未可厚非”。

“未”还是地支的第八位，十二时辰之一。“未时”指的是午后一点至三点这一时段。

东晋 · 王羲之

明 · 王铎

大树刺破天——未

东晋有一位著名的将领，名叫王敦，他一心想反晋自立。

这天夜里，王敦睡下后，做了一个梦。梦境中，他来到一个天地开阔的地方。这儿只有一棵参天大树，这棵大树还在长，而且越长越高，最后竟将天刺了个大口子。

梦醒后，王敦百思不得其解，他想：也许这是个好梦吧？木刺破天，可能暗示我能谋反成功。心中虽这样想，但他还是拿不准，于是找来了好友吴猛商量。

吴猛学过阴阳五行之术，对占梦颇为在行。他听王敦说完，思索了一会儿，才慢慢说道：“‘木’字上面一横表示天。如今木刺破天，乃是一个‘未’字。‘未’字表示将来的事、没有的事，看来这个梦不吉利呀，王兄千万不可轻举妄动。”

王敦铁了心要谋反，哪里听得进吴猛的话。没过多久，他便起兵攻晋了，最后落了个兵败被杀的下场。

一个人站在地上——位

wèi

位

甲骨文

金文

小篆

位

隶书

位

楷书

在甲骨文和金文里，“位”和“立”是同一个字，都是会意字，表示一个人站立在地上。在金文里，它们的线条更粗，形象更明显。随着汉字的发展，“位”和“立”有了明确分工。“立”左边加“人”为“位”。

“位”一般作为名词，表示所处的方位、处所。而“立”通常用作动词，表示站立的意思。

“位”的本义是方位，自古以来，这一意思几乎没有变化。现代汉语中许多词语使用的还是“位”的本义，如：床位、座位、车位等等。

“位”由方位的意思，引申表示君臣在朝廷上的位置。古代封建社会里，君与臣之间、臣与臣之间的等级制度是很明显的，他们所处的位置差异反映出他们官职的高低，因此“位”又有官职、职位的意思。如：“位居宰相”指某人的官职是宰相；“位极人臣”指在臣子的职位中属最高的大臣。官位有高低，地位有贵贱，“位”还引申出地位、名分的意思，如：地位卑贱。

“位”还特指“帝王的地位”。“即位”指帝王开始登基为王；“退位”指帝王卸下君王地位；“篡位”指采取各种方法改变帝王地位。

“位”也由“位置”引申为“数学上的位数”，如：个位、十位、百位、千位等。此外，“位”也用作量词，修饰人，如：各位同学、两位老师、三位来宾。

有立场才有地位

王华是个很聪明的小伙子，他从大学中文系毕业后，进入一家出版社当编辑。

有时候，聪明反被聪明误。王华在编辑室里，处处小心行事，一切随大流，从不表露自己的观点。有时说出了自己的观点，看别人另有说法了，他也随之改变，所以同事们背地里称他为“站不稳的人”。

一晃三年过去了，跟王华同时进出版社的人，大都当了主任或副编审，而王华仍然是名普通编辑。他为此长嘘短叹，说自己命运不济，在社会上没有地位。

老陈是王华的同事，他年近六十，见多识广，又喜文字考证。这天下班后，老陈端了杯茶，跟王华谈心。

老陈说：“今天我想了半天，终于把地位的‘位’字弄懂了。”

王华听了一脸迷茫：“什么意思？”

老陈说：“这‘位’字，左边是个‘人’，右边是个‘立’。你说，这个‘立’字是什么意思？”

王华说：“立，就是站立嘛，人就这么站在那儿嘛！”

老陈追问道：“站在哪儿？”

王华想了想，说：“就站在那儿嘛，而且要站直嘛！”

老陈不依不饶，说：“对，要站直，问题是站在哪儿？”

王华回答不出，老陈语重心长又一语双关地说：“小伙子，这‘立’字，不光是站立，更重要的，恐怕是立场啊。凡事没有自己的见解，没有自己的立场，无处可立，哪儿还有你的地位呢？”

一席话，说得王华微微点头，他似乎有所醒悟了。

鬼持棍棒行凶——畏

wèi

畏

甲骨文

金 文

小 篆

畏
隶 书

畏
楷 书

甲骨文的“畏”字是个会意字。由“攴”和“鬼”两个字形组成。“攴”字读“pū”或“pō”，表示手持棍棒，有打击之意，加上“鬼”字，即鬼持棍棒行凶打人。这种情景令人害怕，所以“畏”字有“害怕、恐惧”的意思。

金文的字形有所变化，将这个“鬼”手中所持的棍棒变成树枝状，而且向下移动了一些。小篆的“畏”字又有所变化，下面的树枝成了老虎爪子的形状，所以“畏”字有“鬼头虎爪”之说。隶变后的楷书写作“畏”。

“畏”字的本义指“恐惧、害怕”。如：不害怕、不畏惧称“无畏”，也称“大无畏精神”；害怕、恐惧称“畏惧”；畏惧困难称“畏难”；畏惧和猜忌称“畏忌”；胆小害怕称“畏怯”；害怕而退缩称“畏缩”；危险可怕的路途称“畏途”；犯罪后怕受制裁称“畏罪”；因畏惧而躲避称“畏避”；眼睛怕见光称“畏光”；疑虑太多，怕这又怕那称“畏首畏尾”。

“畏”字由本义引申指“敬服、敬佩”。如：既敬重又畏惧称“敬畏”；令人敬畏又佩服的朋友称“畏友”。

“畏”字也作姓氏用。

敬“畏”之心

无锡梁溪谜语研究会的市民讲座又开始了，这天由会长马汉文主讲“敬畏”二字。此刻，小陶对着话筒“喂喂喂”地在试音。老马看看手表，笑着对小陶说：“你少喂一口吧，我这就上场了。”小陶补充说：“马老刚刚说的是个字谜啊。”

老马嫌热，一边脱外套，一边指着桌上的几幅字说：“再说个‘衣甲不全’吧。两个谜面一个字，谁猜对了，等会儿这几个字就送谁。”

有人大声喊：“马老，您说的是‘畏’字。‘喂’字少一‘口’剩下‘畏’字。‘甲’字少一竖，‘衣’字少一点，这就是‘衣甲不全’啊，组合起来刚好是“畏”字。

“敬畏”二字中的“敬”字，我们已讲过，它由“苟”字和“文”字组成，表示手持棍棒，使人恭敬。今天重点讲“畏”字。

甲骨文的“畏”字是个会意字，像一个人头戴恐怖的假面具，手持树枝扑打行凶的样子，装扮的是个可怕又可恶的黑猩猩。因为“鬼”字就是大黑猩猩的样子。《说文解字》把这字形理解为“鬼头虎爪”，十分可怕。“畏”字的本义指形象丑恶，引申指“恐惧、可怕”。有人说“畏”字是“田”字头，“衣”字底，指人害怕，吓得把头缩进衣领里了。

“畏”音通“威”。令人害怕，未必是坏事，这里含有威望、威严的意思。既害怕又尊敬，这就是“敬畏”。既尊敬又害怕的朋友称“畏友”。天不怕地不怕，无法无天的人不懂得敬畏，所以容易犯法。走到街上，你对交通规则不敬畏，横冲直撞，容易出车祸。敬畏之心，是埋在人的心底，溶化在人的血液里的。今天我乘公交车来的时候，车上有位姑娘给我让座。我说路近，站会儿没关系，她坚持要让我坐。我见她手里有行李，劝她坐着别动。哪晓得她站起来说：“让老年人站着，而我坐着，心里不舒服。”这姑娘有敬畏之心。她敬畏什么？敬畏天地，敬畏伦理，敬畏社会公德，敬畏做人的准则。没有敬畏之心，容易造就流氓恶棍。人常怀敬畏之心，能重塑一个民族的素质。人人敬畏大自然，我们才有蓝天白云……